JN084395

教師と学生が知っておくべき

教育原理

村瀬公胤・武田明典 編著
MURASE, Masatsugu　TAKEDA, Akenori

Foundations of Education

What teachers and students should know

北樹出版

は じ め に

　本書は、教職課程で「教育原理」「教育基礎論」「教育原論」「教育学入門」などの科目を受講する学生、また、教育とは何かについてあらためて考えたい教員や一般の方々を対象読者として企画されました。教育について考えるための基礎的な知識と視点を提供する、入門書の役割を担うものとして、教育学の諸領域を俯瞰し、学校教育を相対化しながら考察を深めていく出発点になりましたら幸いです。

　教育という言葉から、人々は自分が学び育った学校を思い浮かべるでしょう。また、マスコミの報道やインターネット上の議論では、学校教育の話題が耳目を集めることが多々あります。教育は、誰もが何かを思い、考える、身近なテーマです。とくに現代は、学校に関するさまざまな問題もあり、その解決が社会から求められています。

　しかし、いざ教育とはどうあるべきなのか、学校は何をすべきところなのかと考え始めると、答えることは簡単ではありません。上述のように、人それぞれに考えがあり、一致することは難しいでしょう。問題の解決にもさまざまな意見が出されていますが、いまだ道なかばであるのが現状です。

　こういう時代だからこそ、教育についてより広くまた深くとらえ直す必要があります。教育とは何であるのでしょうか、その意義は何でしょうか、そして人類はいつから教育というものを行ってきたのでしょうか。これら根本的な問いから始め、先人たちの思想や理論に学ぶことは、現代の社会と教育の関係を見直す視点を得る手がかりになります。教育の問題が、複雑な社会の問題を反映しているいま、教育をめぐる哲学的思考と歴史的視点がいっそう重要になっていると思われます。

　本書は、教育課程コアカリキュラムにおける「教育の基礎的理解に関する科目」の一つ、「教育の理念並びに教育に関する歴史及び思想」に準拠しております。第1～5章では、教育の基本的な概念を理解するため、教育とは何かについて、「子ども」「学校」「家庭」「社会」という要素の視点から考えます。第6～10章では、教育に関する思想について、西洋の古典から近代の思想、また新教育運動の思想、日本の教育思想、現代の学習理論を学びます。第11～15章では、教育を歴史的に俯瞰し、さまざまな社会の教育の様相を知るとともに、現代社会における教育の課題について理解を深めていきます。各章末尾には、教員採用試験の重要語句を網羅した用語解説を設けております。また、章間には関連するコラムも用意しました。さらに、発展的内容や本書の理解を促すための図表・統計などは、QRコードで掲載しました。

　本書を通じて、教育界を志す学生や若手教員が、教育について深く考えることを願います。
　末尾に、北樹出版の福田千晶氏に謝意を表します。

2024年3月　編者

目　　次

教師と学生が知っておくべき

教育原理

Chapter 1

教育という営み

1. 教 育 と は

1. 教育の定義の難しさと広がり

　本書の役割は、学生や教員また一般の人々が"教育とは何か"について考え、教育を歴史的、思想的視点から総合的に考察する一助になることである。しかし、この問いの答えは、とても複雑である。ホモ・サピエンス[1]としてヒト＝人類が登場した有史以前から現代まで、人間の暮らしや社会生活において教育と考えられるさまざまな活動や制度があった。歴史を通じて、それら教育的な活動や制度の総体を教育の"営み"として俯瞰するならば、どこまでが教育という概念に含められるのか、定義することは難しい。

　採集生活をしていたヒトの親が、果実をもぎとる様子を子に見せることが教育なのであれば、文明社会のはるか以前から教育は存在しているといえる。また、農耕が始まった頃の人類が、農作業に子を参加させたことを教育の起源と考えることもできよう。もし、地域内の一定年齢の子をすべて学校という場所に集めることを教育と見なすのであれば、教育の歴史は19世紀の中頃からということになる。このように、人類史上のあらゆる時代・地域に教育と呼べるような営みがあった。

　一方、現代に限ってみても、教育の定義は難しい。多くの人が教育という単語を耳にしてまず思い浮かべるのは、学校の教室での授業かもしれない。では、塾や予備校の授業も教育に含めてよいのか、ピアノや水泳などの習いごとはどうか。また、企業に就職すれば企業内教育がある。あるいは、伝統工芸や舞踊の世界では、師匠のもとに弟子入りして学ぶこともある。これらも教育のうちに含まれるのか。さらに昨今は、生涯教育・生涯学習[2]（西岡，2014）の時代であるとされているが、これと学校の教育は、ひと続きのものと考えられるのか。現代にも、さまざまな教育の姿がある。

　加えて、教育と学習という2つの概念の関係も複雑である。一般にイメージされる教育の概念は、基本的には、教える側の行為や、学校など社会制度に焦点が当たっているように思われる。他方で、教わる側の学習はどうであろうか。学校の教室で座っていることを想像するならば、教育を受けていても学習は生じていない、という事態はありえよう。つまり、教育は全体的・制度的な面を見ていて、学習はそのうち個別的・心理的な面を見ているようにも思える。そこで、両者は関係している概念なのか、それとも独立している概

念なのかという疑問が浮かんでくる。

　たしかに、学習についての研究が始まった当時の古典的な心理学は、外部からの環境条件に左右されない実験室の研究が中心であった。その頃は、教育と学習は独立しているようにとらえられていたかもしれない。しかし、近年の心理学、認知科学、学習科学などの分野では、学習者が能動的に学習環境と相互作用することに注目している。そうした考えから、現代の教育は、ただ教える（学習刺激を与える）ことだけを意味するものではなくなっている。むしろ、「学習環境をデザインする」という思想から、学習者が学びやすい状況をつくる視点で教育実践がとらえ直されている（米国学術研究推進会議, 2002）。

　このように、現代の教育は学習の概念を抜きに語ることは困難である。そこで本書では、さまざまな思想家や研究者が構想した学習の理論を紹介したのち、社会制度として個々の子どもの学習をどのように保障していくのかという問題についても述べる。

　以下、本章ではまず、文明誕生の前後の時代に、動物の一種としてのヒト＝人類にとって教育がどのような意味をもっていたのかについて考察する。

2. ヒトにとっての教育

　ヒトの新生児が、哺乳類の一種として特殊であることにはじめて着目したのは、スイスの生物学者アドルフ・ポルトマン（Portmann, A., 1897-1982）である。ポルトマンは、他の哺乳類に比べてヒトの新生児が未熟な段階で生まれてくることや、出産後の1年間で急速に発達することを指摘した。ポルトマンは、これを、あたかも胎児として未熟なうちに出産するようなしくみの現象ととらえ、「生理的早産」と呼んだ（ポルトマン, 1961）。

　ただ、最近の研究は、ヒトと他の霊長類の比較が、ポルトマンの仮説ほど単純ではないことを明らかにしつつある（長谷川・長谷川・大槻, 2022）。しかしそれでもなお、ヒトの新生児が親の養育なしには生きていけないこと、新生児期のあとの子ども期が他の霊長類と比べて長いことは、事実として指摘される。

　森林に棲み、果実食を基本とする他の霊長類とは異なり、ヒトは、草原帯に進出することで、土中の根茎や堅い木の実、他の獣肉など、効率よく栄養をとれるものが食料になった。ただ、果実ならば子は親に連れて来られるだけで食べられるのに対して、上述の新しい食料は、採取と処理にあたって道具や知識を必要とする。そのため、ヒトにおいては、栄養価の高い食料が脳の巨大化を保障して認知思考能力を発達させたとともに、その能力によって新しい狩猟採集の文化、すなわち集団で暮らし分業する共同生活が成立し、子に知識・技術を伝える世代間伝達が行われた（濱田, 2007）。

　これまで一般に知られてきた進化[(3)]の理論は、遺伝子の突然変異と自然選択による生物学的進化で説明されてきた。しかし、最近の進化生物学は、動物が他の個体を参照して真似をする社会的学習【QR1-1】の行動も進化に関わることを発見した。社会的学習が生存上有利な場合は、それを行う個体がより多くの子孫を残せるので、そうした個体が同種内

【QR1-1】
社会的学習の
理論と実験

に増える。結果的に、遺伝子とともに社会的学習という文化も進化を駆動しているこの現象は、「遺伝子─文化共進化」と呼ばれる（レイランド, 2023）。

　特に上述した、ヒトの知識・技術の世代間伝達は、高度に発達した言語の能力によって、一層強力なものになり、集団の生存可能性を高めた。ある技術は、それを発明した個体から集団に伝えられ、次に集団中の他の個体がまたそれをより高度なものに改良する。このように、技術改良を蓄積する「漸進作用」（トマセロ, 2006, p. 46）が言語によって可能になったため、ヒトでは生物学的進化をはるかに上回る速度の文化進化が生じた【QR1-2】。共同で食料の獲得と分配を行う社会のために、知識・技術を世代間で伝達する教育は、ヒトから人類への進化の過程で、不可欠な営みとして組み込まれた。

3. 教育と共同体の文化

　ヒトの生活史の特徴には、前述した子ども期の長さに加え、出産に関わらなくなったあとの老年期も長い（図1-1）ことがある（長谷川・長谷川・大槻, 2022, p. 150）。そのため、ヒトの子どもは集団になって遊び、それを年長の雌が集団で養育するアロマザリング[4]（根ヶ山・柏木, 2010）という形態の共同子育てが行われるようになった。この集団的子ども期は、知識が共同体全体に共有されるヒトの進化に重要な意義をもっている（安藤, 2016）。これが言語の発達に支えられながら、ヒトは文化を創造する人類へと進化した。

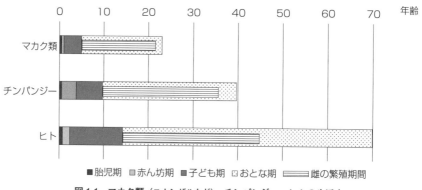

図 1-1　マカク類（ニホンザルなど）、チンパンジー、ヒトの生活史
（長谷川・長谷川・大槻, 2022 および Schultz, 1969 を参考に作成 .）

　さらに、農耕の開始以降の人類では、文化進化はより顕著になる。収穫をより多く、より確実にするような技術のイノベーションがあれば、その集団は他の集団よりも生き残りやすくなり、集団は大きくなる。そのような技術の蓄積こそが現行人類の文化であり、いわば集団の集合記憶ともいうべき「ナレッジベース（基礎となる知識）」（レイランド, 2023, p.251）を形成し始める。知識を共有し、継承するというきわめて教育的な営みは、狩猟採集の時代に比べてより一層人類を特徴づけるものとなった。

【QR1-2】
世代間漸進作
用の模式図

2. 教育の発展

1. 教育の対象化

　人類が石器から金属の道具までも使いこなし、生活集団がさらに大きくなり、結果的に部族間の戦争すらも起きる文明社会に至ると、教育はますます複雑で重要なものになる。現代社会の、とりわけ西洋文明の教育の基礎が成立したのは、古代ギリシアの都市国家[(5)]、すなわちポリスとされている（レーブレ, 2015）。スパルタとアテネという典型的な2つのポリスにおいて、現代の教育につながるような原型を見ることができる。

　軍事国家であったスパルタは、戦闘による支配が国家の基盤を成しており、自由市民の第一義務は戦役に従事することであった。同国では、子どもは男女ともに6歳になると家庭から引き離され、就学義務を伴う国家の公教育に編入されて軍事訓練を中心とする国家共同体に貢献する術を教え込まれた（レーブレ, 2015）。これは、のちに西洋近代に成立した国民国家の義務教育（第3、12章）を想起させる。

　一方、アテネの国家体制は、法秩序のもとで個人が自由に議論して政治に参加する、民主制であった。スパルタと異なりアテネでは、自由市民の家庭は子弟に教育を受けさせることが当然となっており、それゆえアテネでは、公職がくじ引きで割り当てられていたという（レーブレ, 2015）。つまり、教育は政治参加・社会参加の前提として考えられており、各家庭が子に教育を受けさせることは市民の義務であったことになる。これも、現代的な義務教育の原型といえるだろう。

　その教育を専門的に請け負う職業として、ソフィストと呼ばれる人々が登場した。ソフィストは市民として学ぶべきことを7つの分野に設定し、自分たちはそれを教える専門家であるとした（レーブレ, 2015）。これはのちに自由七科（liberal arts）[(6)]と呼ばれて中世ヨーロッパの大学に引き継がれ（第3、11章）、現代にも教養という概念として影響を与えている。社会で生きていく、すなわち市民国家で政治に参加する技術をソフィストたちが教え始めたことは、文明社会における教育の起源の一つである（イェーガー, 2018）。

　ソフィストは知識・技術を授ける教育の起源になったが、教育のもう一つの側面には、人を真理の追究に向かわせ、人格の形成を促す営みがある。そうした教育の祖となったのは、哲学者ソクラテス（Socrates, B.C.470頃-B.C.399）である。ソクラテスは、自分が何も知らないことを知っているという「無知の知」を掲げ、知識があると自称する人々に「徳とは何か」「勇気とは何か」と問いかけ続けることにより、その知識の不明瞭さに気づかせ、真理追究の自覚化を促した。このように、問うことで教える＝おのずから気づかせるアプローチは「助産術」（レーブレ, 2015, p. 37）と呼ばれている。

　ソクラテスの弟子プラトン（Plato, B.C.427-B.C.347）は、アカデメイア（第3、11章）と呼ばれる学園を創設した。アカデメイアの理念は、正しい認識を追究する哲学によって国家の

政治は導かれるべきであり、そのために教育が重要であるというものである。そのために、人はまず魂の堅固さと身体の強化のために音楽と体育の教育を受け、ついで抽象的な観念を研究する精神的鍛錬としての哲学を修めることが求められていた（レーブレ，2015）。

　プラトンのアカデメイアに学んだアリストテレス（Aristoteles, B.C.384-B.C.322）は、論理学および範疇（カテゴリー、分類）という思考の様式を用いることで、倫理学、政治学から生物学や天文学などの自然科学まであらゆる分野の知を体系化した。そしてアテネ郊外のリュケイオンに学園を開設した。アリストテレスによれば、人の本性は「共同体的存在」であり、「Zoon Politikon（政治的・社会的動物）」とされた（レーブレ，2015）。このアリストテレスの視点からすれば、教育とは、各個人の人格形成を促す営みであると同時に、国家や社会という共同体の成立をより確かなものにしていく営みでもあった。

　以上のように、古代ギリシアにおいて、何がどのように教えられるべきなのかという、教育の自覚化、対象化が発生した。

2. 社会の発展と教育

　古代ギリシアの教育は、都市国家という社会体制が要請した姿で誕生した。その特徴は、真理の追究と個人の形成、そして共同体（国家、社会）の成立が同時並行あるいは循環的に関係していることである。この性質は、中世および近代の西洋を通じて現代の世界に影響を残している。しかし、現在の教育概念に含まれている要素はそれだけではない。

　たとえば、アリストテレスの哲学が中世のヨーロッパではキリスト教と結びついて受容されたように、宗教と教育の関係も考える必要がある。東洋の中国、朝鮮、日本などでは、儒教の考え方が、教育に大きな影響を与えてきた（第11章）。これら宗教における聖書や経典など教義の反復と再生は、教化（indoctrinate；教え込むこと）という要素として、やはり教育概念の一部となっている。

　また、教義の暗記が科挙[7]という官僚の登用試験制度に取り込まれた例を考えると、教育には、能力に応じた平等な選抜というメリトクラシー[8]（ヤング，2021）という機能的要素が含まれていることがわかる。これは現代社会においてはより大きな影響を与えており、試験制度による社会の階層化（第5章）という副作用も考える必要がある。

　権力の視点で教育を見れば、それは統治の手段でもある。思想や考え方を統一することが共同体の利益になるのであれば、教育はそのもっとも強力な手段である。特に近代の国民国家において、この性質が焦点化された（第12章）。他方、より庶民的な、慣習や習俗に関わる教育の視点もある。歴史上のあらゆる時代のあらゆる地域で、人々は大小さまざまな規模の単位で生活をともにする共同体を構成する。共同体内部の仲間意識を確認するための儀式や習慣もまた、継承される文化として教育の対象になる。

　以上を歴史的背景として、19世紀中頃に現代的な義務教育制度が生まれた（第3、12章）。そこでは、国家の権力と法律に基づき、一定年齢の子どもが集められ、あらかじめ設定さ

れたカリキュラムで教授＝学習が行われる。システムの視点から見れば、歴史的に特異な制度ではあるが、社会という共同体を担う次世代の養成を目的として、文化の継承と各個人の人格形成が求められるという点では、それ以前の教育と共通している。

3. 教育の現在とこれから

1. 教育の定義と課題

　教育の概念にはさまざまな要素が含まれる。前節までの歴史的な考察に基づいて、あえて定義すれば、教育とは、共同体の維持と再生産のために、文化の継承と個人の形成を同時に達成しようとする営みである。その意味で、教育には共同体と個人という二重の動機があることになる。

　現代社会の教育が抱えている課題は、この二重性から考察することができる。たとえば、文化の継承を強く押し出せば、個人の自由な人格形成が阻まれるかもしれない。それでは、社会が力強く未来をつくるためのイノベーションが発生せず、結果的に共同体をも損なう危険性がある。一方で、個人の自由な活動に任せているだけでは、正当な文化の継承がなされずに、共同体の存立が脅かされ、ひいては個人も能力を発揮する場を失うだろう。教育という営みは、上述のように、共同体と個人が相互に対立しつつ依存している複雑な緊張関係に立脚している。

2. 変わる社会と教育問題

　たとえば日本の歴史を顧みても、明治時代からの帝国主義では、国家・社会の利益が個人の自由や幸せよりも優先され、当時の学校教育もまた、文化継承と共同体維持の機能に重点があった。第二次世界大戦後も、高度成長という社会的な要請により、その機能は保存されていたと考えられる。しかし、1970～80年代に社会構造が変化するとともに、学校の機能の中心が個性の伸長へと変容したことで、上述の緊張関係が顕になり、校内暴力（第13章）などの問題が発生したといった事例があげられる。

　さらに近年の社会は、一層の多様性とイノベーションが求められ、共同体と個人の関係も変化している。それに応じて、教育のあり方、学校という制度も変容していくであろう。具体的には第13～15章で論じられる現代的な諸問題を考察するにあたって、共同体と個人の関係、社会の変化という視点は、その一助になると考えられる。また、新しい資質・能力という学力問題、ICTの活用という問題についても、社会として求められているものと学習者個人にもたらすものとの、複合的な課題として考察されるだろう。

（村瀬　公胤）

【引 用 文 献】

安藤寿康（2016）. 進化教育学とは何か――教育への生物学的アプローチ―― 哲學, *136*, 195-236. 三田哲學會

米国学術研究推進会議（編著）森敏昭・秋田喜代美（監訳）（2002）. 授業を変える：認知心理学のさらなる挑戦 北大路書房（Bransford, J. D., Brown, A. L. & Cocking, R. R. (Eds.) (2000). *How People Learn: Brain, Mind, Experience, and School: Expanded Edition*. National Academy Press.）

濱田 穣（2007）. 霊長類における成長・発達パターンの進化 京都大学霊長類研究所 ほか 霊長類進化の科学, pp. 76-86.

長谷川寿一・長谷川眞理子・大槻久（2022）. 進化と人間行動（第 2 版） 東京大学出版会

イェーガー, W. 曽田長人（訳）（2018）. パイデイア ギリシアにおける人間形成（上） 知泉書館（Jaeger, W. (1989). *Paideia. Die Formung des griechischen Menschen*. De Gruyter.）

レイランド, K. 豊川航（訳）（2023）. 人間性の進化的起源―なぜヒトだけが複雑な文化を創造できたのか―― 勁草書房（Laland,K. L. (2017). *Darwin's unfinished symphony: How culture made the human mind*. Princeton University Press.）

根ヶ山光一・柏木惠子（編著）（2010）. ヒトの子育ての進化と文化 ――アロマザリングの役割を考える―― 有斐閣

西岡正子（2014）. 成長と変容の生涯学習 ミネルヴァ書房

ポルトマン, A. 高木正孝（訳）（1961）. 人間はどこまで動物か――新しい人間像のために―― 岩波書店（Portmann, A. (1956). *Zoologie und das neue Bild des Menschen*. Rowohlt.）

レーブレ, A. 広岡義之・津田徹（訳）（2015）. 教育学の歴史 青土社（Reble, A. (2002). *Geschichte der Pädagogik*, 20. Auf. lage. Klet-Cotta.）

Schultz, A. H. (1969). The life of primates. Weidenfeld & Nicolson.

トマセロ, M. 大堀壽夫 ほか（訳）（2006）. 心とことばの起源を探る――文化と認知―― 勁草書房（Tomasello, M. (1999). *The Cultural Origins of Human Cognition*. Harvard University Press.）

ヤング, M. 窪田鎮夫・山元 卯一郎（訳）（2021）. メリトクラシー 講談社エディトリアル（Young, M. (1958). *The rise of the meritocracy, 1870-2033: An essay on education and society*. Thames and Hudson）

用 語 解 説

(1) **ホモ・サピエンス**（Homo sapiens）：現生人類の学名。生物としての分類学上の人類の呼び方で、「知恵ある人」を意味する。アフリカで約 20 万年前に誕生し、その後、ユーラシアから各地に拡散したとされる。

(2) **生涯教育・生涯学習**（lifelong education/learning）：1965 年にユネスコの会議で、フランスの教育思想家ポール・ラングランが提出したワーキングペーパーに始まる理念。人が生涯にわたって学び続けることを前提として、学校も含めたさまざまな教育機会を社会が提供すべきとする。これが日本では心理学者波多野完治によって「生涯教育」として紹介されたのち、1987 年の臨時教育審議会の答申から「生涯学習」が法令用語として定着した。

(3) **進化**：生物が世代を経て、形態や性質を変えていくこと。遺伝子の突然変異によって生じた変化のうち、環境に適応度の高いもの、生存に有利なものが生き残り、増えていくことで生じる（自然選択）。さ

Chapter 1 教育という営み

らに人類の場合は、乳糖分解酵素をもつ人の割合が牧畜民で高く、農耕民では低いという、遺伝子─文化共進化の例が知られている。

(4) アロマザリング（allomothering）：「他 allo-」と「母親として世話をする mothering」の語を組み合わせた用語で、母親以外の個体が子どもの世話をすること。より一般的には「アロケア allocare」「アロペアレンティング alloparenting」などとも呼ばれ、さまざまな動物で多様な形態のアロマザリングがある。特に人類では、高い認知能力の一種としての共感能力がこれを支えていると考えられている。現代の家族の子育てが、極端に母親に負担を集中させていることに対する、対抗文化としても注目されている。

(5) 都市国家：農業の開始により人類が定住生活を行うことで発生した小国家の形態で、城壁に囲まれた都市と周囲の農地から成る。メソポタミア文明、古代ギリシア・ローマ、古代中国が知られる。本文中のアテネなど古代ギリシアの都市国家の政体は、民主制とされるが、その構成員は兵役を果たし政治に参加する市民権のある自由市民の男性に限られ、それ以外の男性や女性、奴隷には参政権がなかった点で、現代とは異なる。

(6) 自由七科（liberal arts）：古代ギリシアを発祥とし、その後の中世ヨーロッパおよび現代に至る教養という概念を基礎づける学科の集まり。文法、修辞学、弁証法（論理、弁論術ともいう）の三学と、算術、幾何学、天文学、音楽の四科から成るとされるが、時代によっては異同もある。特に三学については、言語を用いて読み書きすること、また話し、説得する議論の技術として、市民社会の基盤と考えられた。このようにギリシア都市国家における自由人すなわち市民すべてが備えているべき知識技能に始まった教養の概念は、中世以降の大学においては専門分野の学問の前提となる共通教養の概念に広がり、現代では自由な知的探究の基礎として一般教養の概念につながっている。

(7) 科挙：中国の隋の時代に始まった官僚登用試験制度で、20 世紀初頭の清の時代まで続いた。論語を中心に暗記量の多い試験であり、熾烈な競争を招いた。家柄や財産を問わない建前の制度であるが、実質的にこの試験勉強に耐えられるのは、裕福な家庭に偏っていたという問題もある。なお、同様の制度は、ベトナム、朝鮮、日本にも導入された。

(8) メリトクラシー（meritocracy）：イギリスの社会学者マイケル・ヤングが、2034 年の架空の社会を描いた近未来小説『メリトクラシー』に由来する造語。「業績主義」「能力主義」または「実力主義」などと訳される。能力と努力によって達成される業績によって、地位や給与などの社会的処遇が決定されるべきという考え方で、これ自体は、それ以前の身分制社会（貴族制 aristocracy）に比べて、平等な競争として肯定される。しかし、能力や努力もまた環境や偶然の境遇に左右されるものであるにもかかわらず、形式的平等を強調しすぎることで、実質的な格差が個人の努力だけに還元されて隠蔽されることになる。ヤングは、そうした事態を極端な格差社会やエリート主義社会の到来として予想した。ヤングが半世紀以上前に空想的かつ皮肉を込めて描いた未来の格差社会の問題は、いまや私たちの眼前の問題となりつつある。

C hapter 2

子どもという存在

1. 子どもへのまなざし

　生涯教育・生涯学習（西岡，2014）の時代とされる現代社会において、教育は子どもだけを対象とした営みではない。しかし、教育が子どもを対象とした営みとしての側面をもつことはだれも否定しないだろう。子どもという存在をどのようにとらえるか。子どもに向けるまなざしは、教育のありようを大きく左右する。

　子どもには、大人にはない特有のかわいさがある。赤ちゃんを見かけると、自分の子どもや親せきでなくても、つい笑いかけたり、あやしたりしてしまった経験がある人もいるだろう。赤ちゃんのかわいらしさの要因の一つは大人にはない見た目にある。ベビーシェマと呼ばれるこの特徴は、大人の自動的な反応を引き出し、誕生後すぐには一人では生きられないほど未熟な状態である赤ちゃんが大人の行動を引き出し、世話や保護を受けることができるようになっている（山口，2003）。こうした視点から見れば、教育とは、か弱い子どもを守る営みであり、また、子どものもつ特有のかわいらしさに対して、思わずしてしまっている働きかけということになる。

　子どもは、時として理解しがたい行動を見せることもある。アリの巣をほじくる、生き埋めにする、水攻めにする、ばらばらにちぎるなど、大人から見れば残酷なことをなんとなしにやってのける。こうした子どもの「攻撃性」は、子どもの自発性、自律性の発揮の現れの一つではある（中川，2006）。しかし、それを放ってはおけないと思った時、教育は、そうした自発性、自律性の成長を受け止めつつも、生命を慈しむ大切さ等、大人の価値基準を伝える働きかけということになる。

　また、子どもは驚くべき才能を見せることもある。進化心理学者のハンフリーは、ナディアという5歳の少女が、昼間外で見ただけの馬を、帰ってきた後、家で驚くほど写実的に描いたという事例を紹介している。ハンフリーによれば、ナディアは、馬という対象を指し示す言葉をもっていなかったからこそ、それを見たまま描くことができたのだ（ハンフリー，2004）。教育は、子どもの潜在的な能力を引き出す営みでもある。

　このように、目の前の子どもにどのようなまなざしを向けるかによって、教育という営みは姿を変える。本章では、以下、子どもという存在について考えてみることにしよう。

2. 子どもの発見と展開

1. 「小さな大人」としての子ども

だれにも子ども時代はある。しかし、「子ども期」は近代化の過程において誕生したものである。フランスの歴史学者フィリップ・アリエス（Ariès, P., 1914-1984）は、絵画や日誌、書簡などの分析を通して、中世ヨーロッパ社会では、「子ども期」がない生活慣習だったことを発見した（アリエス, 1980）。たとえば、当時の乳幼児は、細長い布でぐるぐる巻きにされていた（スウォッドリング[(1)]【QR2-1】）。子どもは、それをはずされるとすぐに、自分の属する身分の大人と同じ服装を着せられていた。また、遊びも同様である。子どもだけが描かれることはほとんどなく、大人と共に狩猟や馬術、武術など、大人同様の活動に従事する様子が描かれていた。子どもは、乳幼児期を過ぎると大人とともに生活を送る「小さな大人」にすぎなかった。

「子ども期」がなかったということは、子どもが無視され、軽蔑されていたことを意味するのではない。子どもの純真さ、優しさ、ひょうきんさに心癒され、また、子どものいたずらに腹を立てながらも許容し、時に共に興じるなど、子どもに愛情を抱き、可愛がることは、今と変わらず存在していた（アリエス, 1980）。

2. 「子ども期」の誕生

17世紀になると、大人に対して、子どもを誠実で理性ある人間として育てることの重要性を主張する教育論が多く展開されるようになった。これらの教育論は、子どもを可愛がって育てる親の子どもに対する態度を「甘やかし」として批判した（アリエス, 1980）。社会契約論や立憲主義など、近代市民社会の思想的な基盤を用意したジョン・ロック（Locke, J., 1632-1704）（第6章）もその一人である。ロックは、著書『教育に関する考察』のなかで、子どもに対する親の態度を「溺愛」と呼び批判した（ロック 服部訳, 1967）。そして、子どもを、良くなる性質をもって生まれてくるわけでも、悪くなる性質をもって生まれてくるわけでもない、経験によって造形される「白紙（タブラ・ラサ）」ととらえた（ストーン, 1991）。ロックによれば、生まれたばかりの幼児は動物のような存在でしかなく、観念とか道徳判断とかいったものは何一つもっていない。とはいえ、抑圧的で物理的な矯正を主張しているのではない。そうではなく、ロックは子どもの心理と身体に働きかけることが子育てにおいて重要であることを主張した。

こうした議論と並行するように、子育てに対する関心の高まり、広がりが見られた。結果として、子どもには子ども用の特別な衣服を身につけさせる慣習が、社会の上層階級から広がっていった。子どもだけの遊びの様子も描かれるようになる。イギリスでは、1750年代から1814年にかけて2,400種類の子ども向けの書籍が出版され、地理を学ぶための

【QR2-1】
スウォッドリングの図像例

ジグソー・パズルや双六や旅行ゲームが開発され、おもちゃ店で発売された（ストーン 北本訳, 1991）。こうして、乳幼児期とも、大人とも異なる「子ども期」が誕生した。

3. 子ども研究の始まり

18世紀後半、イギリスを拠点として産業革命[(2)]が始まると、多くの子どもが労働力として見出され、「子ども期」の縮小がみられた。19世紀に入ると、特に貧しい子どもは、安い賃金で雇える上、大人よりも従順で、働かせる側からすれば代替可能で使い勝手のいい存在だった。1日の労働時間が12時間を超える、狭い場所、高い場所など大人の手の届かない危険な場所で働かされる等、子どもは時に過酷な条件下で働かされた。児童労働は社会問題化し、子どもの保護・救済が急務となった（ホーン, 2021）。

一方、18世紀後半は、子ども研究の必要性が提起された時期としても重要である。フランスのジャン＝ジャック・ルソー（Rousseau, J. - J., 1712-1778）（第6章）は、ロックとは異なる子ども像を浮き彫りにした。ルソーの著した『エミール』（1762年）は、「子どもの発見」の書と呼ばれ、子どもに対する教育の考え方に大きな影響を及ぼしてきた。

ルソーは、まず、従来の子どもに対するかかわり方を批判した。批判のポイントは、大人が子どもとは何者かを理解していないことにあった（ルソー, 1962）。そこで大切にしたことは、子どもを観察し、研究することだった。ルソーによれば、『エミール』は、「大人になるまえの子どもがどういうものであるか」についての「研究」の成果だった（ルソー, 1962）。

こうして、ルソーは子どものなかに「自然」を見出した。動植物がある法則をもって成長し、また、進化するように、子どものなかにも、ある種の法則が埋め込まれている。従来の教育は、子どもに埋め込まれた「自然」についての研究を怠ってきたのだ。ルソーは、「発達」概念の生みの親であり、自然科学を基盤とした「発達」研究の創始者でもある。

そして、ルソーは、子どもに対するかかわりは、子どもの「発達」の理解を基盤とした、「発達」を支援するかかわりに限定すべきであると考えた（ルソー, 1962）。旧体制に育った大人が、新体制を担う子どもを教育することは可能なのか。その難題に答えようとした時、『エミール』で導き出した答えが、子どもの「発達」を促すはたらきかけに限定した消極教育というあり方だった。

子どものなかに「自然」を見出すことを通して、ルソーは、子ども一般の理解に基づいてよりよい教育のあり方を論じる端緒を開いた。他方で、個別具体的な子どもに向けるまなざしは、後景に退くことになった。

4. 子ども研究の展開

ルソーの思想を基盤とした実践のなかで、子どもが、教えられる以前に、事物に対して

なんらかの認識をすることができる主体的な存在であることが見出された。認識主体としての子どもの発見である。スイスの教育改革者、ヨハン・ハインリッヒ・ペスタロッチ（Pestalozzi, J. H., 1746-1827）（第7章）は、ルソーの思想に影響を受けて、思想を実践化し、教育方法を探究した一人である。ペスタロッチは、子どもが事物に対して「直観」をもっていたことに着目した。ロックが子どもを「白紙」という受動的な存在として認識していたのとは対照的に、ペスタロッチは、認識する主体として子どもを発見した。ただし、子どもの「直観」は混沌としていて曖昧である。ペスタロッチは、ここに教育の意味を見出す。教育は、子どもが「曖昧な直観」を「明晰な概念」へと展開し、主体を形成する過程を援助する方法として見出された（鳥光, 2009）。

　ドイツのヨハン・フリードリヒ・ヘルバルト（Herbart, J. F., 1776-1841）（第7章）は、ペスタロッチの見出した子どもの認識過程を、連合心理学によって追究し、「興味」の展開過程として精緻化した。ヘルバルト学派と呼ばれる弟子たちは「形式的段階」を受けて、教授における教師の手続きの研究へと展開した。ヴィルヘルム・ライン（Rein, W., 1847-1929）が提案した「5段階教授」（第3、7章）は「導入・展開・まとめ」で構成される今日の一斉授業の原型となった（佐藤, 1996）。子どもの認識過程へのかかわりは、支援から統制へと展開した。

　スウェーデンの社会思想家エレン・ケイ（Key, E.K.S., 1849-1926）は、ルソー、ペスタロッチの思想に影響を受けて、著書『児童の世紀』において、「20世紀は児童の世紀」（ケイ 小野寺・小野寺訳, 1979）になるために必要な教育のあり方を論じた。当時、教育において子どもに対する身体罰が当然とされていた。子どもがやること、好きなこと、望むことに対して、大人が「型どおりの子どもになるように、矯正し、助言し、援助し、削って磨き、仕上げようとする」ことも当然とされていた。当時のこうした教育についてケイは、子どもに対する「妨害、干渉、矯正」であると批判した。問題は、子どもを「規格型児童」につくりあげ、「自己教育への意欲をことごとく奪ってしまう」ことにあるとした。

　そして、ケイは、「教育の最大の秘訣は教育をしないところに隠れている」（ケイ, 1979）と述べるなど、消極教育の立場をさらに先鋭化した。背景にあるのは、スペンサーを中心とする、当時の進化論[3]がある（ケイ, 1979）。子どもに埋め込まれた自然法則に対する理解をせずに関わる大人のかかわりを徹底して批判したのである。『児童の世紀』は、ドイツの詩人リルケによって「子どもから」の思想の著書として礼賛され、20世紀初頭、ヨーロッパ、米国を起点として国際的に展開する新教育運動における象徴的スローガンとなった（山名, 2009）。

3. 子どもの現在とこれから

1. 権利主体としての子ども

「20世紀は児童の世紀」だったのだろうか。20世紀を通じて、子どもは、戦争による大量殺戮、前線への動員、そして、困窮生活の最大の犠牲者だった。ただし、こうした事態を傍観してきたわけではない。1924年、第一次世界大戦により被害を受けたヨーロッパの子どもたちを緊急に救済・保護することを主たる目的として国際連盟により「ジュネーブ宣言（子どもの権利宣言）」が制定された。1989年には「子どもの権利条約」が国連で採択された。この条約は、子ども（18歳未満の人）が大人と同じように、一人の人間としてもつさまざまな権利を認められるべき存在であることを明確に示した。それとともに、成長の過程にあって保護や配慮が必要な、子どもならではの権利を定め、その体制づくりを推進していくことが明文化された（永井・寺脇，1990）。

しかし、21世紀の現在においても権利の保障はいまだ十分とはいえない。たとえば、日本の多くの子どもが貧困のなかにおかれている。日本の相対的貧困[4]は他の先進諸国と比較してもかなり高く、特に母子世帯の相対的貧困率は突出して高い。OECD24ヵ国のなかではトルコに次いで上から2番目の高さである（阿部，2008）。また、日本では、15歳時の貧困は教育機会を制限し、職に恵まれず低所得、そして、低い生活水準につながるという「貧困の連鎖」がある（阿部，2008）。「貧困の連鎖」を断ち切るためにも、すべての子どもの学ぶ権利を保障することは喫緊の課題である【QR2-2】。

2. 変革主体としての子ども

20世紀は、また、子どものもつ「力強さpowerful」、「有能さcompetent」を見出してきた時代でもあった。イタリアのレッジョ＝エミリア市の幼児教育は、「力強い子どもたちpowerful children」、「有能な子どもたちcompetent children」という見方を根底として実践されてきた。その実践の思想的基盤となったローリス・マラグッツィ（Malaguzzi., L., 1920-1994）は、詩「でも、100はある」のなかで、「子どもたちには100のことばがある」こと、しかし、「九十九は奪われる」と述べている。子どもの「100の言葉」を引き出すのは、子どもに関わる人の傾聴と、期待のまなざしである（リナルディ，2019）。

マラグッツィがレッジョ＝エミリアの幼児教育を構想、実践する際に参照した人物の一人に、スイスの心理学者ジャン・ピアジェ（Piaget, J., 1896-1980）がいる。ピアジェは、子どもの認知発達の段階を示したことで有名である。この発達段階説自体は研究の進展もあり、否定されている考えでもあるが、ピアジェの貢献は、研究の出発点として子どもを能動的で自律的な存在としてとらえるまなざしがあったことにあるだろう。子どもを「小さな科学者」として見ることで、発達研究の大きな前進を生み出したのである（森口，2023）。

【QR2-2】
ユニセフ『世界
子供白書2016』

【QR2-3】
ローリス・マラ
グッツィの詩

しかしながら、ピアジェの子どもの見方は、あくまで大人を基準としたものであり、子どもを「未熟な大人」としてとらえている。一方、近年、子どもを大人とは異質な存在としてとらえる研究も進んでいる。心理学者のゴプニックは「子どもが小さな科学者」なのではなく、「科学者が大きな子ども」であると指摘する（森口，2023）。ヒトの子ども期は、ほかの動物に比べて長いことがよく知られている。この時期は、子どもがヒトの社会に適応するためにさまざまなことを学ぶ期間としてとらえられてきた。しかし、ゴプニックは、この時期の子どもを、いろいろなアイディアを試行錯誤しながら実行に移し、時に大人には考えもつかないような発想をする存在としてとらえる。そのアイディアの多くは荒唐無稽で実用に耐えられるものではないが、時に大人をうならせるようなアイディアも思いつく。大人はそのアイディアを実用可能な形にする役割を担う（森口，2023）。「子どもに親にしてもらう」とは、昔からよく言われることであるが、子どもと向きあうなかで、親自身も変わっていくのである。子どもは、自分と、対峙する大人と、そして世界を変革する能力をもった変革主体である。

3. 情報化社会と子ども

　メディア・テクノロジーの専門家、ニール・ポストマン（Postman, N., 1931-2003）は、著書『子どもはもういない』（2001年）において、情報化社会の出現は、「子ども期」を消滅させ、子どもと大人のあいだの境界線を切り崩したという議論を展開した。ポストマンによると、「子ども期」は、印刷術の普及に伴いリテラシー[5]習得の必要性が社会に生じ、子どもと大人の境界線が形成されたことによって誕生した。社会に参加するにあたり、教育の場で共通教養を学ぶ必要が生じたのである。一方、情報化社会の出現により、テレビを視聴し、コンピュータにアクセスすることによって、大人も子どもも、本を読んだり、文章を書いたり、計算をしたりしなくても、ある程度の生活を不自由なく営むことができる社会となった。共通教養としてのリテラシーを習得する必要性を子どもも大人も認識しにくい状況が広がり、子どものような大人、大人のような子どもにより構成される社会が到来した（ポストマン，2001）。

　情報技術のさらなる進展により、人間をデータの集積体として見なす見方が生まれている。私たちも、ふと気がつくと、子どもをデータを通して見ていることがあるかもしれない。多様な教育データの収集技術により、教授と学習評価の役割を教師から機械に置き換えようとする可能性も生じている（益川，2022）。この立場は、コンピュータを「教える道具」とするコンピュータ教育（CAI: Computer Assisted Instruction）と呼ばれている。

　一方、コンピュータの教育活用については、「学びの道具」とするコンピュータ教育（CAL: Computer Assisted Learning）のもう一つの伝統がある（佐藤，2021）。ＡＩ研究の領域では、ＩＡ（Intelligence Amplifier：知能増幅器）という考え方も議論されている。ＡＩは人の知的活動を置き換える考え方であるが、ＩＡは人の知的活動を増幅するための機械という

考え方である（益川, 2022）。ＩＡという考え方、そして、「学びの道具」とするコンピュータ教育の展開により、子どもの知的活動の増幅をいかに実現するかが今後の課題となるだろう。

（森田　智幸）

【引 用 文 献】

阿部彩（2008）. 子どもの貧困――日本の不公平を考える―― 岩波新書

Ariès, P.（1960）. *L'Enfant et la Vie familiale sous l' Ancien Régime*. Plon.（アリエス, P. 杉山光信・杉山惠美子（訳）（1980）. ＜子供＞の誕生――アンシァン・レジーム期の子供と家族生活――みすず書房）

Horn, P.（1995）. *Children's Work and Welfare 1780-1890*. Cambridge University Press.（ホーン, P. 藤井透・廣重準四郎（訳）（2021）. はたらく子どもの世界――産業革命期イギリスを生きる―― 晃洋書房）

Key, E.（1900）. *Barnets arhunarade*. Albert Bonniers Forlag.（ケイ. E. 小野寺信・小野寺百合子（訳）（1979）児童の世紀　冨山房）

Lock, J.（1693）. *Some Thoughts Concerning Education*.（ロック, J. 服部知文（訳）（1967）. 教育に関する考察　岩波書店）

益川弘如（2022）. 情報通信技術の進展をいかした教育環境の革新に向けて 石井英真・仁平典宏・濱中淳子・青木栄一・丸山英樹・下司晶　教育学年報, *13*, 93-117.

森口佑介（2023）. 子どもから大人が生まれるとき――発達科学が解き明かす子どもの心の世界―― 日本評論社

永井憲一・寺脇隆夫（編）（1990）. 解説　子どもの権利条約　日本評論社

中川香子（2006）. 子どもがもつ残酷さをどう理解するか　児童心理, *60*(10), 39-43, 金子書房

西岡正子（2014）. 成長と変容の生涯学習　ミネルヴァ書房

Postman, N.（1982）. *The Disappearance of Childhood*. Dell Publishing.（ポストマン, N. 小柴一（訳）（2001）. 子どもはもういない　新樹社）

Rinaldi, C(.2006）. *In Dialogue with Reggio Emilia*. Routledge. Rinaldi, C(.2009）. *In dialogo con Reggio Emilia*. Reggio Children.（リナルディ. C. 里見実（訳）（2019）. レッジョ・エミリアと対話しながら――知の紡ぎ手たちの町と学校―― ミネルヴァ書房）

Rousseau, J.J.（1762）. *EMILE OU DE L' EDUCATION*（ルソー　今野一雄（訳）（1962）. エミール　上　岩波書店）

佐藤学（1996）. 教育方法学　岩波書店

佐藤学（2021）. 第四次産業革命と教育の未来――ポストコロナ時代の ICT 教育―― 岩波書店

Stone, L.（1979）. *The Family, Sex, and Marriage in England, 1500-1800*. Harper Torchbooks.（ストーン, L. 北本正章（訳）（1991）. 家族・性・結婚の社会史――1500-1800 年のイギリス――勁草書房）

鳥光美緒子（2009）. ペスタロッチとフレーベル. 今井康雄（編）. 教育思想史（pp.164-182）有斐閣

山口真美（2003）. 赤ちゃんは顔をよむ――視覚と心の発達学―― 紀伊国屋書店

山名淳（2009）. ヘルバルトから新教育へ　今井康雄（編）教育思想史（pp. 183-203）　有斐閣

(1)　スウォッドリング：中世ヨーロッパにおいて広がっていた乳幼児期の子育ての習俗。生まれたばかりの子どもは、動かないように細長い布でぐるぐる巻きにされた。子どもが運動、移動することによる事故を防ぐ、蔓延する皮膚病から守るなど、子どもを保護する方法でもあった。日本においてもイズミ、エジコと呼ばれる、藁をやや浅い筒形に編み上げた籠に乳児を入れておく習俗が見られた。籠の底には尿や弁を吸収するように灰や藁をしき、身体の周りを布団などで包み、乳幼児を動けないように固定した【QR2-4】。

(2)　産業革命：18世紀から19世紀にかけてイギリスを中心に起こった、人類の歴史上重要な出来事の一つ。農業社会から工業社会への移行を意味し、機械化や技術革新によって生産力が大幅に向上した。一方で環境問題や労働者の権利など課題も浮き彫りになった。

(3)　進化論：進化論は、19世紀のイギリスの博物学者であるチャールズ・ダーウィンによって主要な理論として提唱された。また、スペンサーはダーウィンの進化論を社会学や倫理学に拡張し、社会進化という概念を提唱した。社会進化とは、社会を有機体と見なし、社会の発展と進化を生物の進化になぞらえるアナロジーである。社会は、環境に適応するために進化する。スペンサーは個人間の競争と競争の自由により社会進化が促進されると考えた。

(4)　相対的貧困：貧困には絶対的貧困と相対的貧困がある。絶対的貧困とは、人間として最低限の生存を維持することが困難な状態を指す。飢餓に苦しんでいたり、医療を受けることがままならなかったりする人がこの状態に当たる。それに対して相対的貧困とは、その国の文化水準、生活水準と比較して困窮した状態を指す。具体的には、世帯の所得が、その国の等価可処分所得の中央値の半分に満たない状態のことをいう。2023年に発表された厚生労働省『国民生活基礎調査』によると、日本の2021年の貧困線は127万円であり、貧困線に満たない「相対的貧困率」は15.4%、対2018年比で0.3%の下落となった。この数値は、OECD加盟の先進国のなかで最悪の数値である。

(5)　リテラシー：狭義には「読み書き能力」を意味する。「識字能力」とも呼ばれるこの意味は、19世紀末以後、使われるようになった。広義には、市民生活に参加するための共通教養を意味する。

3.　子どもの現在とこれから

【QR2-4】
エジコの例

＊・＊・＊・＊・＊・＊・＊・＊・＊・＊ 【コラム 1】子どもの権利条約 ＊・＊・＊・＊・＊・＊・＊・＊・＊・＊・

1. 人権を「思いやり」に解消してしまう日本の国際人権感覚

　日本は、スリランカ人のウィシュマさんが入国在留管理局の収容施設で 2021 年に亡くなった事件をはじめ、技能実習生問題、朝鮮人学校差別など、外国人に対する人権蹂躙がはなはだしく、国際的にも、そのあまりの前近代的な政策と態度に疑念が寄せられている状況である。しかし人権が著しく軽視されている点では、自国民に対しても同様で、「過労死」が珍しくない労働条件が横行していたり（そのため karoshi は「国際語」である）、年金や生活保護費用が削られたり、同性婚が認められなかったりと、枚挙にいとまがなく、他国を笑える状況にはない。そもそも人権は思いやりの問題などではないのだが、教育現場でも権利を権利としてきちんと教えていないからなのか、事の本質がほとんど理解されていない（藤田, 2022）。

　そればかりではない。子どもの人権についても懸念される状況が続いている。たとえば学校での体罰は、1879（明治 12）年に法令で禁じられ、それ以来、法令上、戦時中を含めて一度も容認されたことはない。それにもかかわらず、体罰はいまだに学校の内外で横行している。また、頭髪や服装に関する校則などの規定は、表現の自由の侵害に当たる問題だが、多くの人に問題とすら感じられていない。子どもの人権も十分に守られている状況とはいい難いのが 21 世紀の日本なのだ。

2. 「子どもの権利」とは何か

　さて、このコラムで話題に取り上げているのは子どもの「権利」条約である。子どもの「人権」条約ではない。人権は権利の束とも理解されるから、普通はその違いをあまり意識しないが、「子どもの権利」条約（英語正文では Convention on the Rights of the Child）と命名されている理由を考えておく必要もあろう。

　人権は権利の束と書いたが、各世代の権利の束を人権と考えると、子どもには子どもの権利がある、ということになる。それが他の世代の権利に収斂されない、子ども固有の権利である。子どもの権利条約は、そういう子どもの権利を主題にしている。

　では、「子どもに固有する権利」とはどういうものだろうか。みなさんには、ぜひ時間をとって、発達しつつある子どもに固有する権利を考えてほしい（堀尾, 1986）。しかしそこに「正解」というものはない。豊かに子どもの権利を紡ぎ出してその権利を活用してほしい。

　子どもの権利条約でもっとも注目され、もっとも大切な条文の一つが第 12 条である。12 条には次のようにある。「締約国は、自己の見解をまとめる力のある子どもに対して、その子どもに影響を与えるすべての事柄について自由に自己の見解を表明する権利を保障する。その際、子どもの見解が、その年齢および成熟に従い、正当に重視される」（国際法研究会訳）。

　この条文に対しては、よく両極端の意見が聞かれる。一つは、「子どもの意見は正しい。子どもの意見を丸ごと受け入れるべきだ」という意見。もう一つはその反対に、「子どもは大人の意見に従うべきだ。子どもの意見に従っていたら、子ども王国になってしまい、むしろ子どもはダメになる」といった意見である。みなさんは、どちらの意見に近いだろうか。

　すぐに気づいた人もいるかもしれないが、この両極端の意見は、両方とも子どもをダメ

にしてしまう危険性が高い。後者は指摘するまでもなく、子ども自身の意見を尊重しないから、子どもの自分で考える力も封じ込めてしまいかねない。子どもの意見を聞き流すだけになってしまう。他方、子どもの意見に従うべきだ、という意見は、子どもの意見の尊重にはなる。けれども、子どもの意見はすべて正しいものだろうか。そこにはわがままも含まれるだろうし、子どもが知らなかったり、気分が乗らないために拒否したりすることがあるだろう。それを丸ごと正しいものとしては、子どもの発達を阻害することにつながりかねない。

　大切なことは、子どもが学び成長する存在だということである。まず子どもの意見は受け止めつつ、どうしてそのように考えるのか、違った考えや意見についてはどうなのか、続いて子どもに尋ねていくことが非常に大切だ。子どもとの意見のキャッチボールをしていくことで、子どもの認識の発達を促していくのである。そして、その一方では、大人が子どもから学ぶことも少なくないことだろう。

　子どもの権利条約第12条は、子どもが学び成長する存在（＝発達可能態）だという認識を土台とした上で、その意見を尊重することを求めている。子どもは単に守られる存在ではない。子ども自身が子どもの権利の行使主体となることで、子どもが社会に参加していく主体的な存在だ、ということが、この子どもの権利条約の大きな眼目である。これが世界の子どもに対する考え方の前世紀の到達点であり、今世紀の国際的な教育指針である。

3. 民主主義を守り発展させる人間を育てる

　それにもかかわらず、社会への参加意識も、政治的関心も、他国と比較してかなり低いのが日本の現状である。成人しても選挙権を行使できないような若者が過半を占めている。このことは、日本の子どもたちは自己肯定感が低く、自分たちがこの世の中で不可欠な存在であることを実感できていないこととも関連していようし、人権意識の低さとも関連しているだろう。もちろん過半が参加しない民主主義など、民主主義の名前に値しない。数千年前にギリシアに誕生して、人々が社会に参加していくしくみとして鍛えられてきた民主主義を私たちは継承してきた（橋場，2022）。私たちが自分たちの生活と社会をより豊かに発展させていくためには、私たちが社会の主人公になって、その方向に社会をつくり変えていく力をつけていかなくてはならないし、それは政治的立場を超えた価値として共有されていかねばならないことである。

　日本はこの条約を1994年に批准したが、それは世界で158番目のことだった。190ヵ国以上ある世界の国々のなかで、後ろから数えた方が早いというのは名誉あることではない。文科省のこの条約に対する態度には当初から問題があり、文科省の旧生徒指導提要（2010年）では、この条約への言及すらなかった。けれども、この条約を豊かに活用することによって、名誉を挽回することは十分可能だろう。改訂版の生徒指導提要（2022年）には、不十分ながら条約についても書き込まれた。条約批准から30年が経とうとしている。条約の精神を、生活と社会の隅々に活かしていきたい。　　　　（川村　肇）

【引用文献】

藤田早苗（2022）．武器としての国際人権　日本の貧困・報道・差別　集英社
橋場弦（2022）．古代ギリシアの民主政　岩波書店
堀尾輝久（1986）．子どもの権利とはなにか　人権思想の発展のために　岩波書店

学校という空間

1. 学校という空間について考える

1. 「学校化社会」批判

　「学校化社会」とは、オーストリアの学者イリイチ（Illich, I., 1926-2002）が、現代社会を批判的に検討するために用いた言葉である。イリイチは社会の「学校化」を問題視し、その克服の必要性を論じた。イリイチが批判した「学校」とはどのようなものだろうか。

　イリイチは「学校」を、「現代の貧困」へと人々を転落させる「価値の制度化」の機関の一つとして批判している（イリイチ, 1977）。「現代の貧困」とは、経済的な対応さえすれば解決できた貧困とは異なる、近代化のなかで生まれた新しい貧困である。イリイチは、「学校」制度を「新しい世界的宗教」としてとらえ、「学校」における教育活動を、特定の価値を信じさせることだけに意味をもつ「通過儀礼」としてみている。私たちはいつのまにか「学習のほとんどが教えられたことの結果」だと信じてしまっている。「教えられないとできない」と考えてしまうことは、「学校」の活動のなかでつくられてしまった「価値」の一つである。本当に「教えられないとできない」のだろうか。「価値は測定することができる」と考えてしまうことも、同様である。「学校」は学習の結果のすべてを世界共通の尺度で測定できるかのように装う。そのため、「学校」のなかだけで生きてきた人は、測定できない経験を見逃してしまう。さらには、測定できないことを低くみたり、その一方で測定できないものごとに脅かされたりする。

2. 「ヒドゥン・カリキュラム」

　「学校」のなかではいったい、何が起こっているのだろうか。シカゴ大学の教育学者ジャクソン（Jackson, P.W., 1928-2015）は、著書『*Life in Classrooms*』（1968）において、その分析を試みた。

　学校には年間予定があり、教室には時間割がある。そして、国語の時間には国語を学び、算数の時間には算数を学んでいる。こうした明示的で、意識的なカリキュラム[(1)]のほかにも、学校には、潜在的で無意識のうちに学んでしまっていることがある。ジャクソンは、こうした学校のもつ潜在的な社会化の機能を「ヒドゥン・カリキュラム（隠れたカリキュラム）」（第5, 15章）と呼び、長期にわたる教室の観察と教師へのインタビューを積み

重ね、学校で学んでしまっていることを描き出した（Jackson, 1968）。そこで提示されているのは、「群れ」、「賞賛」、「権力」をめぐる学びである。教室では毎日、「群れ」として大人数で生活することが強いられる。そうした生活をするなかで、忍耐強く待つことや、あえて自分の行動を遅らせること、課された仕事に従順に取り組む姿勢を学んでしまっている。教室はどこよりも「賞賛」という評価がなされる場所だ。教師や仲間からの「賞賛」のために意図を先読みする重要性がわかってくる。否定的評価はできるだけ避けたい。そのため、教師の評価に反発することで仲間からの評価を得ようとしたり、あらかじめその評価に関心が低いことや期待していないことを宣言したりするなど否定的な評価に対するさまざまな対処法を身につけてきている。教室には抗いようのない力が存在することも学んでしまう。教室ほど、「～しなさい」という指示の多い空間はほかにはないだろう。そこで過ごすなかで、「権力」に対処する術を身につけてしまう。いつのまにか、指示を待つ姿勢になってしまうのも仕方がないのかもしれない。

3. 学校という空間を問う

　ここまで読んでくると、「学校」という空間に対する悪い印象が思い起こされてしまうかもしれない。無理もない。そう思った人にとっては、イリイチやジャクソンの分析は、それだけ的を射ているのだろう。

　一方、これらの分析は、「学校とはどのような空間であるべきなのか」という問いの出発点を用意している。実際、「ヒドゥン・カリキュラム」には、プラス、マイナスの両面があり、教室において無意識のうちにつくられてしまっているカリキュラムを意識化し、教室実践を意図的につくり直すことの重要性も指摘されている（多賀, 2014）。イリイチやジャクソンが検討した「学校」とは、産業主義[2]の社会、国民国家[3]の要請に基づいてつくられた「近代化された学校」だった。それでは、「近代化された学校」とはどのような学校なのか。そうではない学校のあり方とはどのようなものなのか。

2. 学校空間の源流を辿る

1. 閑暇の空間としての学校

　学校（school）の語源の一つは、ギリシア語のスコレー（scholē, 閑暇）にある。古代ギリシアの市民は生産活動から離れた時間を利用して集い、議論や音楽、芝居、そして、スポーツを嗜んでいた。この点からすれば、学校とは、生産活動から離れ、他者と対話的に学ぶことを保障された空間のことを意味していた。

　古代ギリシアの哲学者プラトン（Plato, B.C.427-B.C.347）の一連の著作は、当時の真理の探究が他者との対話により遂行されていたことを示している。「学ぶとはどのようなこと

か」を問うた著書『メノン』も、プラトンの師ソクラテスと貴族メノンとの対話の展開として叙述されている（プラトン, 1994）。本書においては「人が学ぶとは想起に他ならない」と語られる。ここでは、人はあらゆることがらをすでに学んでしまっているということが前提としてある。そのため、学ぶということは、そのすでに学んでしまっていることを想い起こす（「想起する」）ことにある。本書では、その想起が質問とそれに対する答え、すなわち対話により実現される様相が描出されている。

　プラトンは、現代の大学の原型の一つとされるアカデメイアを創設したことでも有名である。『メノン』は、アカデメイアが設立された時期に執筆されたとされている（藤沢, 1994）。アカデメイアとは、学園を創設した地の名称であり、その地は、アテナイの中心を離れた郊外に位置した。なぜ、その場所だったのだろうか。理由の一つとして、師ソクラテス（Socrates, B.C.470頃-B.C.399）の刑死がある。プラトンの著作に登場するソクラテスは、（疎まれたとしても！）他者とともに、現時点での認識を問い、真理に向かおうとする人として描かれている。しかし、こうしたソクラテスのふるまいはアテナイの市民に問題視され、裁かれ、刑に処されることとなった。プラトンにとって当時のアテナイの街はすでに言論の自由が保障される空間ではなくなっていたのだ。アカデメイアの創設の目的の一つは、こうした政治空間から独立し、言論の自由の保障のもとで真理を追究し、自分なりに他者と対話的に学ぶことが可能となる空間を保障しようとすることにあった（納富, 2015）。

　プラトンの弟子アリストテレス（Aristoteles, B.C.384-B.C.322）は、「万学の祖」とも呼ばれ学問の発展に大きな影響を与えた。学問の探究は、自身が設立した学園、リュケイオンで実践された。リュケイオンもアテナイの郊外にあった。プラトン、アリストテレスの試みは、生産活動から離れた閑暇としての学び、そして、対話的な学びが保障される空間としての学校像を想起させる。

2.　修養の空間としての学校

　時代は大きく下るが、学校（school）のもう一つの語源を辿ってみよう。9世紀から15世紀の中世ヨーロッパでは、カトリック教会や修道院に付属する学校をスコラ（schola）と呼ぶようになっていた。このスコラも現在の学校の語源の一つとされている。スコラは、修行のために世俗世界を離れ、旅に出た人たちが集う場所でもあった。そこでの生活の中心には学問の探究、学びがあったため、集まってきた人々は学僧とも呼ばれた。彼らは、イスラム世界を通じてアリストテレスを中心とした古代ギリシアの哲学を翻訳し、また、アラビアで発展していた科学を西洋社会に持ち込んだことから、近代科学の基盤を用意したとされている（山本他, 1993）。

　スコラにおける探究は、「修養」としての学び、すなわち、自己の欠如と向きあい人格の完成を目指した自己との対話により遂行されていた。サン＝ヴィクトルのフーゴー（Hugo de Sancto Victore, 1096-1141）は、スコラにおける理想的な学びのあり方を、西洋最初

の体系的な学習論・読書論である『ディダスカリコン（学習論）──読解の研究について──』（12世紀）で論じている。フーゴーは、スコラでリベラル・アーツ（自由七科）（第1、11章）と神学を研究して教師となり、校長も務めた人物であり、この著書は、12世紀から17世紀にかけて教会や大学でもっとも広く読まれた、教育論の代表的な古典の一冊である（佐藤，2001a）。

　本書においてフーゴーは、「いかなる学知も、いかなる書物も軽んじないこと」、「どんな人から学ぶことも恥ずかしがらないこと」、「学知を獲得した暁にも、ほかの人々を蔑まないこと」という3つの原則を重視していた。あらゆる学びの出発点は「慎み深さ」にあり、その帰結点も「慎み深さ」にあった。このような学びを遂行する上で「静かな生活」が欠かせないとされた。そして、「探究の熱意」を伴った「黙々とした吟味」が推奨された（佐藤，2001a）。

　スコラが修道院に付属されていたことを改めて想い起こしてみよう。修道院の特徴は、その静けさにある（佐藤，2001a）。当時の修道院では、修道士は、生活の最中においても、一人ひとり、聖書の祈りの言葉を唱和しながら働いていた。聖書は修道院の探究においてもっとも重要なテキストである。静寂のなか、「慎み深さ」を出発点としてテキストを介して、自己との対話を遂行する。スコラは、そうした学びの空間としての学校像を想起させる。

3. 近代学校空間の成立

1. 義務・救済の空間としての学校

　スコラにおける学問の探究の展開は、一方で、教会権力による知識の独占を生み出した。16世紀に起こった宗教改革は、その一側面として、こうした教会権力による知識の独占からの解放を目指した運動だった。ルター（Luther, M., 1483-1546）は、ドイツにおいて宗教改革を推進した人物の一人である。ルターは、スコラにおいて発展したアリストテレス哲学に基づく神学を批判し、聖書を中心とした神学へと回帰すべきだと主張した（金子，1959）。その一環として、ルターは、子どもを学校に行かせる義務教育[4]を構想した（金子，1959）。子どもを聖書を中心とする神学の担い手として育てようとしたのだ。

　こうしたなかで、カリキュラムという言葉もあらたな意味あいで使われるようになった。カルヴァン派では、もともと人生の来歴（vitae curriculum）を意味していたカリキュラムという言葉を、そうした学校における経験を教育的な経験とする、組織するという意味で使った（ハミルトン，1998）。

　フス派のコメニウス（Comenius, J.A., 1592-1670）（第6章）は、教授技術に着目して民衆の救済を目指した。その教授技術は、「教授学 didaktik」と「印刷術 typographia」を組み合

わせた「教刷術 didacographia」と表現され（佐藤, 1996）、大量の知識が迅速に多数の本へと印刷されるように、「教刷術」によって大量の知識が迅速に多数の子どもに教授される空間の構想が用意されることとなった。

2. 管理・訓練の空間としての学校

18世紀後半、産業革命と呼ばれる産業構造の変化がイギリスを拠点として始まった。子どもたちは工場労働者としての役割を期待されるようになり、長時間の労働に従事させられ、なかには強制労働に近い扱いも受けた。一方、街に急増した若年労働者は治安上の問題を起こすようになり、子どもを対象とした教育が問題とされ、子どもを保護し、労働者として欠かせない日常の道徳と最低限の読み書きを教え込むことが期待されるようになった（ホーン, 2021）。

この教え込みをできるだけ安価かつ効率的に達成するために現在の学校空間を構成するさまざまな構成単位が生み出された。たとえば、「クラス」は、子どもを理解度、進捗状況等能力に応じて分けたところに端を発している。これは「モニトリアル・システム」[5]（第12章）【QR3-1】の効率的な運用を目指すなかで考案されたしくみである。19世紀後半になり、教育の効率性をさらに追求した結果として発明された方式が「一斉教授」であった。それは「ギャラリー方式」とも呼ばれ、前には黒板と教壇と教卓、そして、それに向かうように子どもたちが座る、という現在の「一斉授業」の教室空間の原型がこうしてイギリスで誕生した（柳, 2005）。同時期に、国民国家システムがヨーロッパを中心に広がると、すべての子どもを均質な国民として育てることが必要とされ、こうした教室空間がさらに普及することになった。プロイセン・ドイツのヘルバルト（Herbart, J. F., 1776-1841）（第7章）とそれに連なるヘルバルト学派の取り組みは、子どもを管理、訓練する教授理論と授業の定型を開発し、貢献した（鈴木, 1990）。ラインによる「5段階教授法」（第2, 7章）は、現在の授業案によくみられる「導入・展開・まとめ」の原型となった（佐藤, 1996）。

4. 学校を変える試み

1. 近代化の渦中で

こうした展開に対して、異なる学校空間を構想した人物もいた。イギリスのオーエン（Owen, R., 1771-1858）は、工場の経営者ではなく、労働者の利益の視点から考え、モニトリアル・システムを大人による「矛盾と愚行」であるとして批判した（ハミルトン, 1998）。モニトリアル・システムは、子どもに、推論ではなく信じることを、理解ではなく記憶を教えてしまっていたからだ。オーエンは「友愛的競争」という理想的な関係のなかで、「貧しい労働者階級」の子弟を含むすべての子どもたちが「合理的な判断」ができるように準

【QR3-1】
モニトリアム・
システム

備する学校として、1816年、「新性格形成学院」を設立した（ハミルトン，1998）。

　デューイ（Dewey, J., 1859-1952）（第8章）は、子どもの学びの視点から学校空間を問い直した。デューイにとって学校は、現在の生活、そして、社会に適応することを目指す場ではなかった。学校は、共に生きる生き方を学ぶ場であり、新しい社会の芽となるべき「小さなコミュニティ」だった（上野，2022）。デューイの構想する学校空間の中心には、図書室または博物室があった。図書室の四方には木工室、織物室、調理室、食堂が、また、博物室の四方には、物理実験室、化学実験室、生物学実験室、美術室、音楽室が配置された。中心に配置された図書室、博物室は、みなが集う構造になっており、多様な活動とそれを通した経験の交流が行われ、疑問、発見、事実、探究が行われる場であった（上野，2022）。

　18世紀になると、ヨーロッパ諸国において障害者の教育についても検討され始め、人々が等しく労働者、国民となるべき対象となると、労働者かつ国民として教育可能か否かという見方が生まれるようになった。障害とは、近代化のなかでつくられた社会的な問題でもある（加藤，1996）。聾唖児、盲児を対象とした学校は18世紀後半のヨーロッパにおいて始まった。知的障害児を対象とした教育は19世紀中盤にようやく始まることになった（中村・荒川，2003）。しかし、こうした対応は、あくまで慈善事業・救貧政策の一環として行われるものが多く、障害者の視点から学校空間を問い直すものではなかった。

2. 現代の学校空間を考える

　第四次産業革命を経て、国民国家システムが新しい枠組みへと移行している現在、人の学びに着目し、学校空間を構想する必要性はますます高まっている。本章の冒頭で紹介したイリイチは、学校を廃止し、その代わりに学習に最小限必要な「事物」、「技能の模範」、「仲間」、「専門的な教育者」を結びつけた「学習ネットワーク」の構築を構想した（イリイチ，1977）。その「学習ネットワーク」を通して、学校により社会の歯車と化し、無能化された人々をつなぎ直し、親密なつながりに基づく「共生社会」をつくることを夢見ていた。

　情報技術の進展に伴い、「事物」や「技能」、「仲間」へのアクセス可能性はイリイチが構想した1970年当時より格段に高まっている。子どもが望めば、さまざまな「事物」や「技能の模範」、「仲間」と「自由に」出会える空間はすでに現実としてある。しかし、それは本当に「現代の貧困」を克服し、イリイチが目指したような「共生社会」を実現するだろうか。1990年代、当時開発されたばかりのノートPCを教室の子ども一人ひとりに配布し、インターネット回線が活用可能な環境下における教育実践が試みられた（佐伯他，1993）。この実践は、情報技術の進展がもたらす学びの可能性と同時に、それを実現するために教師の役割がさらに重要になることなど、デジタル機器があくまでツールであることを強調している。障害者の学ぶ権利の保障の観点から学校空間を問い直すことも重要で

ある。たとえばイタリアの学校制度では、障害児が学級にいる場合には日本の特別支援学級相当の教師が配置され、すべての学級が特別支援学級となるしくみが整っている（ムーラ，2022）。障害別に異なる空間で学ぶのか、それとも同じ学校空間で共に学ぶのか。日本では、大阪市住吉区の大空小学校において、30人を超える特別な支援を要する子どもを含めて、すべての子どもが同じ教室で学ぶ取り組みが注目されている。

　よりよい学びを保障する空間として学校をどのようにデザインできるだろうか。その学校に関わるすべての人の学びを保障することは簡単ではない。その実現に真正面から取り組んだ好例として、「学びの共同体」のパイロットスクール神奈川県茅ケ崎市立浜之郷小学校の事例がある。浜之郷小学校の事例は、関わるすべての人が「支えあう・聴きあう」ことを通して、その実現に向けて一人ひとりが「学びあう」ことを持続することが重要であることを示している。

（森田　智幸）

【引 用 文 献】

藤沢令夫（1994）. 解説　プラトン　藤沢令夫（訳）（1994）. メノン（pp. 133-163）岩波書店

Hamilton, D.（1989）. *Towards a Theory of Schooling. The Falmer Press.*（ハミルトン, D. 安川哲夫（訳）（1998）. 学校教育の理論に向けて――クラス・カリキュラム・一斉教授の思想と歴史――世織書房

Horn, P.（1995）. *Children's Work and Welfare, 1780-1890* Cambridge University Press.（ホーン, P. 藤井透・廣重準四郎（訳）（2021）. はたらく子どもの世界――産業革命期イギリスを生きる――晃洋書房）

Illich, I.（1971）. *The Deschooling Society*. Harper & Row.（イリッチ, I. 東洋・小澤周三（訳）（1977）. 脱学校の社会　東京創元社）

Illich, I,（1978）. *The Right to Useful Unemployment and Its Professional Enemies*. Calder & Boyars.（イリッチ, Ｉ. 他, 尾崎浩（訳）（1984）. 専門家時代の幻想　新評論）

Jackson, P. W.（1968）. *Life in Classrooms*. Holt, Rinehart and Winston.

金子茂（1959）. マルティン・ルターにおける教育思想の展開――普通・義務教育概念を中心にして――教育学研究，*26*(3), 169-179. 日本教育学会.

加藤康昭（1996）. 障害者教育史研究の視点　障害者問題史研究紀要，*37*, 1-8. 障害者問題史研究会.

Mura, A.（2012）. *Pedagogia speciale. Riferimenti storici, temi e idee*. Franco Angeli.（ムーラ, A. 大内進（監修）大内紀彦（訳）（2022）. イタリアのフルインクルーシブ教育――障害児の学校を無くした教育の歴史・課題・理念――　明石書店）

中村満紀男・荒川智編著（2003）. 障害児教育の歴史　明石書店

納富信留（2015）. プラトンとの哲学――対話篇をよむ――　岩波書店

佐藤学（1996）. 教育方法学　岩波書店

佐藤学（編）（2001）. 教育本44――転換期の教育を考える――　平凡社

佐伯胖・佐藤学・苅宿俊文・NHK取材班（1993）. 教室にやってきた未来――コンピュータ学習実践記録――　日本放送出版協会出版

鈴木晶子（1990）. 判断力養成論研究序説――ヘルバルトの教育的タクトを軸に――　風間書房

多賀一郎（2014）. ヒドゥンカリキュラム入門——学級崩壊を防ぐ見えない教育力——　明治図書
上野正道（2022）. ジョン・デューイ——民主主義と教育の哲学——　岩波書店
山本巍・今井知正・宮本久雄・藤本隆志・門脇俊介・野矢茂樹・高橋哲哉（1993）. 哲学原典資料集　東京大学出版会
柳治男（2005）.〈学級〉の歴史学——自明視された空間を疑う——　講談社

┌─────────────┐
│ 用 語 解 説 │
└─────────────┘

(1) **カリキュラム（curriculum）**：カリキュラムとは、広義には、学習経験の総体を意味する。公的な枠組みや、学校・教師のつくる教育計画、さらには、教室における相互作用、結果としての学びを含めて、経験を教育的なものへと組織しようとする動的な営みである。狭義には、「教育課程」とも訳され、教育計画のことを指す。

(2) **産業主義（industrialism）**：18世紀後半から19世紀にかけて始まった第一次産業革命により、多くの人が農耕牧畜に従事していた社会から、工業に従事する社会への展開が始まった。人々の産業への従事の仕方に伴って、社会構造や文化が変化していった。そうした変化のなかで、産業の成長を中心に社会のあり方を考える考え方、産業主義が生まれた。産業主義は民主主義、自由主義、社会主義とならぶ思想の一つである。なお、現代はすでに第四次産業革命を経て、「ポスト産業主義」の社会とも呼ばれている。産業の成長を中心に置かない新しい社会の見方・考え方が重要だとされている。

(3) **国民国家**：国境によって区切られた一定の領土において、同一の文化・言語を共有する人々から構成される国家のことである。国民国家の基盤は、同じ言語と歴史、道徳を共有する国民を育てることにあり、それは、音楽や身体作法にまで及んだ。

(4) **義務教育（compulsory education）**：国家が保護者に子どもを就学させる義務の履行を強制させる教育を意味する。直訳すると強制教育となるのはそのためである。子どもには学習する権利があるのであり、義務はない。義務教育が無償である理由は、親の義務の履行を強制させるためである。

(5) **モニトリアル・システム（monitorial system）**：19世紀初頭、イギリスのベル（Bell, A., 1753-1832）、ランカスター（Lancaster, J., 1778-1838）により、ほぼ同時期に開発された方法。教師が教える代わりに、すでに教えを受けた生徒が教える方法である。その生徒を助教（モニター）と呼んだことが名称の由来である。

家庭と教育

■ 1.「家庭の教育」を問い直す

　社会や歴史、思想に広く目を向け、教育を原理的に考えていく時、さまざまなところに「教育」的なことがらや関係性を見出すことができる。そうした多様な「教育」のなかで、特に「家庭」との関係で「教育」を考えると、どのようなことが見えてくるだろうか。

　まずは、家庭と教育についての各自の経験から、考えを進めてみよう。「家庭の教育」と聞くと、どのような経験を思い浮かべるだろうか。たとえば、お箸の持ち方や寝具のたたみ方、手洗いなど、基本的な生活習慣の獲得に関わることがあげられるかもしれない。あるいは、家事や庭仕事の手伝いを通した生活経験、近所の人への挨拶といった社会的マナー、お小遣いやお使いを通した経済感覚に関わることなどについて、家庭で教わったと思い当たる人もいるだろう。これらは大きくは、成人の社会生活へと向けた、子どもの社会化に関わることがらであり、その意味では「しつけ[(1)]」と呼ぶこともできる。

　また、これらとは別に、学校の宿題や市販の教材を通した家庭学習の経験を思い起こす人もいるかもしれない。あるいは、学習塾通いも、家庭の教育方針と理解される場合があるだろう。これらは、学校教育と強く結びついた、その補助としての「家庭教育[(2)]」に当たる。

　そして、こうした経験が各家庭によって違ったものになることは、容易に想像されるだろう。しかし、視点を変えてみれば、現代の社会を前提とした共通の条件を指摘することもできる。たとえば、親と子どもから成る核家族世帯、生産から切り離された消費中心の生活、労働力ではなく愛され教育される存在としての子ども、といった側面である。これらを「家庭の教育」をめぐる「現代的」な条件として浮かび上がらせるのは、歴史の視点である。つまり、自分たちの経験した「家庭の教育」と、それを支える家庭や社会のあり方が、いったいいつ頃から始まったものなのかを歴史に問いかけてみることで、現代的な「家庭の教育」が唯一の形態ではないとわかる。

　そこで注目されるのが、歴史的にみた「子育て」の変化を追う社会史の研究である。それは、現代的な意味での「家庭」の成立を「近代」に見て、近世社会の子育てからの変化を追うことで、近現代の子育てのあり方を相対化する。「家庭の教育」から「子育て」へと視野を広げ、子育てを取り巻く社会の変化に注目していく時、児童虐待をはじめとする現代的な子育ての課題に対しても、歴史的な問い直しが可能になる。こうした「子育て」

の視野から、「家庭と教育」の新しい関係性を考えていくこともできるだろう。そこで本章では、「子育ての社会史」研究を糸口として、近現代的な意味における「家庭の教育」を相対化しつつ、家庭・教育・子どもをめぐる原理的な考察を進めていきたい。

2.　子育ての社会史

1.　社会史からの問いかけ

　家庭のなかで子育てが行われることは、自明のことがらのように思えるかもしれない。しかし、子育ての歴史を広く眺めれば、「家庭」とは、子育ての舞台として比較的「新しい」ものであるとわかる。子育ての社会史研究が指摘するのは、「家庭」が近代以降に登場した新しい家族の形であり、それまでとは異なる子育てのあり方を作り出していったということである。では、「家庭の子育て」とは、どのような意味で「新しい」といえるのだろうか。

　近代以降に成立した「家庭」のイメージとしてあげられるのは、両親と子どもが愛情で結びつく「一家団欒」の様子である。そこでは、「男は仕事、女は家事・育児」という夫婦間の性別役割分業のもと、労働力ではない子どもが、両親から愛情と教育のまなざしを注がれている。そして、こうした「家庭」における子育ては、母性愛をもつ女性によって主に担われるものだという見方が、明治期に普及していった。しかしここで注目すべきは、こうした「家庭の子育て」のイメージが、明治期においても自明なものではなかったという点である。

　「一家団欒」の語に象徴される近代的な「家庭」像は、明治20年代頃、家庭のあるべき姿を描く女性雑誌【QR4-1】などを通して徐々に普及し、大正期に入って「新中間層[(3)]」と呼ばれるあらたな社会階層によって、実現されたという（小山, 2002, pp.152-159）。新中間層は、農村から都市部に流入した農家の次・三男によって形成され、俸給所得によって生計を立てた。農業といった家業をもつ場合とは異なり、家族の生活は、生産労働の場から切り離された消費・再生産の場となる。そこで、家族で家業に当たるのではなく、夫は職場へ通勤し妻は家事・育児に専念するという性別役割分業も可能になった。こうした都市での新しい生活によって実現されたのが、先に見た近代的な「家庭」とその子育ての形態だったといえる。

　こうして見れば、近代的な家庭の子育てが、明治期から大正期にかけて成立した、歴史的には「新しい」形態であったこと、近代以前には、異なる子育ての形態があったことが想像できるだろう。また同時に、都市生活や俸給所得、核家族、生産ではなく消費中心の生活、そのなかでの子どもへの愛情と教育といった要素を見れば、現代的な家庭の子育てに通じる社会的な条件が多く見出せるのではないだろうか。

【QR4-1】
家庭像を示した
女性雑誌の表紙

このような社会史の視点から、現代の家庭の子育ての環境が自明のものではなく、歴史的に作られてきたものであることがわかる。また、この見方から、家庭のなかで特に母親が子育ての責任を一身に担う状況は、どのようにして作られてきたのかといった問いかけが可能になる（沢山, 2013, p.2）。これは、虐待をはじめとする現代の子育ての問題を、社会的・歴史的に問い直すものだといえる。

2. 近世日本の子育て

　近代から現代へと至る子育てのあり方を問い直す時、有効な比較対象となるのが、近世日本の子育てである。その特徴として、「地域共同体の子育て」に注目してみよう。特に近世農村を見れば、子どもを「家の子」であると同時に「村の子」として見る目があったことがわかる。そこでは、地域共同体による子育てが大きな役割を果たしていた。

　まず、村をあげての農作業、水の共同管理、村祭りや諸行事を共同で行う村の習俗・文化が、「村の子」としての子育ての基盤ともなった。また、村単位で年貢を納める村請制や、年貢や耕作の連帯責任を伴う五人組制度を背景に、子育ての互助制度も設けられていた。さらに、実の親のほかに「取り上げ親」「乳付け親」「名付け親」といった種々の「仮親」が存在し、擬制的な親子関係が結ばれていた。これらから、子どもの成長を親以外の複数の大人が見守り支える子育て文化があったことが見てとれる。

　そこで、親や家族の子育ても、こうした村の子育てのなかで行われていた。まず、近世農村の家は、家業労働を中心とした生産の場であり、子どもも一定の労働力として家業に従事した。そこで子どもは、家業・家産・家名を引き継ぎ、家を存続させていく存在でもあった。そうした世代を超えて続く家の継承の面から、家での子育てがすでに「公的」な意味を帯びていたとされる（小山, 2002, p.50）。

　また、子どもの成長に影響した地域共同体の組織として「子ども組[(4)]」があった。「子ども組」には、約7歳から14歳頃までの子どもが属し、村の祭りや行事ごとに一定の役割を担った。たとえば、「どんど焼き」という小正月の祭りでは、正月の松飾りを集めて燃やす火祭りに向けて、子ども組が村の各家から松飾りを集め、準備の仮小屋で合宿するなど、子どもだけの集団で活動していたとされる（宮田, 1996, p.168）。このように、近世の子ども組は、子どもによる自治組織であった。また、異年齢の子ども集団であったため、年長児が集団を率い、年少児がそれを見て真似て育っていく場となっていたと考えられる。

　では、こうした近世農村の子育てから、近現代の「家庭」の子育てを見直してみると、どのようなことが考えられるだろうか。まず、近世農村の子育ては、地域共同体のなかで複数の大人が関与する形で行われ、また、家単位でもすでに公的な意味合いをもっていた。その観点からは、近代以降の「家庭」の子育てが、家庭内の親子関係に閉ざされ、私的な意味合いを帯びていったことがわかる。そこから、子育てをもう一度地域社会に開い

ていく「子育ての社会化」が提起されてきている（辻本，2011，pp.301-304）。

　また、子ども組の存在から、近世農村においては、子どもたちが大人による直接的な世話や教育によらず成長していく場があったことが窺える。ここには、近代以降の「家庭」のなかで、愛情と教育の対象として両親のもとにある子どもとは別の「子ども」の姿が見てとれる。つまり、近世農村には、子どもたちが子ども同士をも含めた多様な関係性のなかで育っていく、人間形成の文化があったといえる。こうした観点から「子育て」をとらえ直していくこともできるのではないだろうか。

3.　子どもの世界

1.　子どもの生活世界

　子育ての社会史の視点は、どちらかといえば子育ての「担い手」に置かれており、その時代・社会の人々の生活に即した子育て文化を描き出していた。そこで今度は、「子どもの世界」に視点を移して、現代における「家庭の教育」や「子育て」へのあらたな見方を探ってみよう。

　子どもは、どのような世界に生きているのだろうか。これは、子どもが自分の生活をどのように体験しているのか、という問いかけである。同じ「家庭」に生活していても、親と子どもでは、物事の見え方や体験の仕方が違うのではないか。たとえば、子どもにとって、ティッシュ箱は興味を引く遊び道具であり、愛犬やぬいぐるみは親しい友人であり、父親は何でもできる絶大な存在であるかもしれない。これらは、子どもが大人と同じ物事を体験していても、そこに見出す「意味」が異なるということを示している。子どもは大人とともにある社会生活のなかで、独自の「意味の世界」を生きているといえる。

　このように子どもが生きている世界は、子どもの「生活世界[(5)]」として理解されてきた（ランゲフェルト，1980，p.46）。その特徴は、理論化される以前の、直接的な体験の世界という点にある。たとえば、愛犬の足の速さは、自分が追いつけないこととして、お菓子の棚の高さは、自分の手が届かないこととして、体験される。これは、子どもがさまざまな物事を、速度や高さといった科学的・理論的な指標で観察し測定していくのではなく、自分と切り離せない関係性のなかで体験していることを意味する。

　そして、こうした子どもの生活世界は、子どもの発達をどこまでも科学的・理論的に分析していく研究によってはとらえられないものである。子どもの生活世界に目を向けることは、子どもの発達「一般」が理論化され、ともすれば規範的に示されていく現代の発達科学の進展に対して、個々の子どもの具体的な発達理解とその援助を試みる姿勢につながる。その個別的な発達援助の視点は、いじめや不登校といった学校教育の問題に対応する臨床心理学や臨床教育学において活かされている（和田，1996，p.18）。こうした「子どもの

生活世界」の観点から、子どもにとっての「家庭」の意味を再考することもできるだろう。

2. 教育関係の視点

　子どもは「家庭」において、どのような世界に生きているのだろうか。子どもの生活世界が理論化される以前の世界であるなら、それを科学的・理論的な観察の目によってのみ理解することはできない。「家庭」の子どもを、親による保護と教育の対象として見て、いかに守り育てるかを考える時、そうした観察の目が働くのではないか。子どもの生活世界は、そうした観察の目に対して、親子関係や教育関係を、子ども自身の体験を含めて再考する視点を示している。つまり、大人の側の認識の課題を含んでいるといえる。

　こうした課題は、近世から近代への子育ての変化を考える時、重要である。というのも、近世農村には、家や村単位で子育ての経験知が代々受け継がれる土壌が見られるのに対し、近代以降の「家庭の教育」においては、経験知の代わりとして、育児雑誌や育児本、教育書、学校教育などを通した科学的な知識が普及してきたといえるからである（小山，2002，p.170）。地域社会から独立した核家族世帯の両親は、そうした知識を媒介として子育てに当たるが、子どもにとっての親子関係は、科学的に理論化された知識以前に、体験されている。近現代の両親や大人は、このことをどのように受けとめればよいのだろうか。

　子ども独自の生活世界においては、つねに大人の世界が前提とされてもいる（ランゲフェルト，1980，p.41）。たとえば、得体の知れぬティッシュ箱も、家庭にあるべき安全なものとして両親がその存在を認めているからこそ、子どもの遊びの相手になる。このように、子どもは大人の世界を信頼するからこそ、独自の意味の発見ができるのである。そこで、近代以降の子育てが「家庭」の親子関係に限定されてきたとすると、「家庭」の親は、子どもにとって大人の世界を代表する存在として、頼りにされるといえる。しかし、家庭の親とははじめから、そのように頼りがいのある「大人」なのだろうか。子どもからの全幅の信頼は、時にこうした問いを大人に引き起こす。そしてこれは、地域共同体規模の子育ての経験知をもちづらく、書物や学校教育を通した科学的な知識に頼る近現代の両親にとって、とりわけ切実な問いである。

　しかし、考えてみれば、親は子に対して親であり、大人は子どもに対して大人である。つまり、どのような人も、子どもとの関係ではじめて親となり、大人であることができる。このことは、単純な事実であるようで、子どもや子育てについての科学的・理論的な見方では対応しきれない謎を含んでいる。というのも、まだ本当の意味で「親」でも「大人」でもなく頼りないにもかかわらず、私たちはなぜ子どもを産み育てるのだろうか。これは、考えてみれば、まったく「非合理」なことがらである（ランゲフェルト，1980，pp.176-177）。

　この問いに行き当たる時、私たちは、科学的な合理性によっては解決しえない人生の問いを引き受けて、まだ頼りないにもかかわらず、子どもを産み育ててきた数々の親や教育者たちによる命のリレーがあったことに気づく。この意味では、近現代の「家庭の教育」

もまた、地域共同体の伝統や家の存続によらない形で、世代の連続のなかにあるといえる。だとすれば、一家庭の親のみによってはとても引き受けることのできないこうした世代の連続を、いかに「大人たち」がつないでいくのか。これは、子どもの生活世界から投げかけられた、近現代の子育ての課題の一つであるといえる。

4. 子どもの遊びと育ち

1. 家庭・学校・遊び場

　近世から近代へかけての社会と子育ての変化を見れば、近現代の子どもの生活が、家庭と学校によって大きく規定されていることがわかる。しかし、子どもがその環境をみずからの生活世界として体験しているかぎり、そこには社会的な意味合いを超えた、子ども独自の意味が発見されてもいる。そうした子ども固有の体験の領域として、「遊び」に注目してみよう。

　近現代の子どもの生活は、家庭と学校に大きく規定されているが、子どもはその内外に多くの「遊び場」をもっている。その例には、おもちゃにあふれた子ども部屋や、遊具を備えた学校の運動場、児童公園、遊びの活動をカリキュラムや保育計画にもつ幼稚園や保育所、子どもを対象とした商業施設などが思い浮かぶかもしれない。ただし、これらはどちらかといえば、大人が子どものために用意した育児文化に属する面が大きい。

　それに対し、登下校時の寄り道での草花の遊びや、家の周辺の路地裏での集団遊び、空き地での秘密基地の遊びなどを思い浮かべてみれば、子どもが、大人が用意した遊び場とは別のところに独自の意味を見出して、遊びの世界を創り出していることがわかる。

　しかし、こうしたいわばインフォーマルな遊び場は、大人が育児や教育の観点から用意した遊びの領域が拡大していくほどに、空間的にも時間的にも圧迫されていく。都市化やマスコミ文化の進展、映像メディアの普及、放課後時間の減少、宿題の負担、塾通いなどは、とりわけ子どものインフォーマルな遊びへの物理的制約となってきたといえる（藤本，1974；藤本，2001）。しかし、こうした遊びのうちにこそ、教育のまなざしにとらえられる以前から連綿と続く、子ども自身の文化を見ることができる。

2. 子ども文化

　考えてみれば、遊びに打ち興じる子どもは、自分たちの成長や発達を企図して遊んでいるわけではない。子どもの遊びが、教育の重要な要素として認められ、さまざまな遊び場が用意され、育児文化が発展していくより以前から、子どもはすでに遊んでいた。だとすれば、彼らはどのようにして、遊びの世界に生きてきたのだろうか。

　この問いに対して、子どもの遊びを、育児や教育の文化とは異なる「子ども文化[(6)]」と

してとらえることができる（藤本, 2001）。子どもの遊びは、子どもたちのあいだで創造され、伝承されてきた一つの文化である。この見方は、大人が用意するのとは異なる形で発展してきた、子ども自身の文化の領域に目を向けるものである。

　子ども文化は、数えきれないほど多種多様な遊びからなるが、その典型は「伝承遊び」にある。ただし、ここでの「伝承」の含意は広く、お手玉やこま回しといったいわゆる昔遊びに限らず、おにごっこやかくれんぼ、缶けりなど、ルールの伝承を伴うあらゆる遊びや、縄とび唄やしりとり、ごっこ遊び、草花での手作り遊びや虫とりまで、パターンや技術の伝承を伴うあらゆる遊びを例にあげることができる。

　これらの遊びの伝承の歴史は古く、たとえばままごとは「人類の生活史と共に古い」と推測される（藤本, 2001, p.24）。いったい遊びはどのようにして、子どもたちのあいだで伝承されてきたのだろうか。子ども文化の多くは、価値ある文化としての明確な認識のもとに意図的に伝えられてきたのではなく、そのつどの楽しい遊びのために、誰から誰へともなく自然に伝わってきたと考えられる。この自然な伝承を可能にしたのは、「異年齢子ども集団[7]」である。

　「異年齢子ども集団」は、子どもたちの自発的な遊び集団として存在した。地域の子どもたちが異年齢で遊ぶことにより、年長児から年少児へと遊びの知恵や技術の自然な伝承が可能である。そうした伝承の過程では、ルールが工夫され技術が発展することで、多種多様な遊びがあらたに派生し、創造されていった。子どもは、こうした集団での生き方において、子ども文化の創造者であることができる。

　異年齢での遊びは、近世の「子ども組」にも見られたというが、集団内での子どもの「育ち」の意味合いは、子ども組と遊び集団とでは異なっている。というのも、子ども組は近世の地域共同体に属するフォーマルな組織であり、共同体内での明確な役割を与えられることで、一人前の共同体成員になるための人間形成の場としても機能していた。それに対し、遊びにおいて結びつく「異年齢子ども集団」は、既存の共同体からの意味づけとは別のところで、子ども自身による「育ち」を実現していたと考えられる。

　しかし、そうした「異年齢子ども集団」は、テレビやゲームの普及に伴う家庭生活の変化のなかで、1970年頃には消滅したとされる（矢野, 2014, p.129）。これに対し、幼稚園や保育所、学童保育などのフォーマルな教育・子育ての場において行われている異年齢保育の実践は、大人の明確な意図をもって、子ども集団を維持しようとする試みとして、別種の意義をもちうるだろう。

　近現代的な「家庭」の内外において、子育てや教育関係、子どもの生活世界と子ども自身の文化といった、重層的な「育ち」の場を見出すことができる。「家庭と教育」をめぐる現代的課題は、「家庭」の意味世界から、「教育」の境界を問い直していくことでもある。

（森　七恵）

【引用文献】

藤本浩之輔（1974）. 子どもの遊び空間　日本放送出版協会

藤本浩之輔（2001）. 子どもの育ちを考える──遊び・自然・文化　久山社

小山静子（2002）. 子どもたちの近代──学校教育と家庭教育　吉川弘文堂

ランゲフェルト, M.　和田修二（監訳）（1980）. よるべなき両親　玉川大学出版部

宮田登（1996）. 老人と子供の民俗学　白水社

沢山美果子（2013）. 近代家族と子育て　吉川弘文館

辻本雅史（2011）. 思想と教育のメディア史　ぺりかん社

和田修二・皇紀夫編（1996）. 臨床教育学　アカデミア出版会

矢野智司（2014）. 幼児理解の現象学　萌文書林

用語解説

(1) **しつけ**：ある共同体や社会において必要とされる生活習慣や行動様式、礼儀作法などを身につけさせること。一人前の共同体成員に向けた社会化の意味をもつ。民俗学によれば、もと田植えの作業を指した「しつけ」が人にも転じたとされる。農耕文化に根差した日本の伝統的な教育形態とみられている。

(2) **家庭教育**：「家庭教育」の語は、明治初期、1880年頃から使用され始めたとされる。当時の文部省主導で、学校教育と同様の内容を補完する意味合いが、家庭教育の語に込められた。学校を教育の中心として優位に置き、家庭をその補完的役割に従属させる構図に対し、批判的な検討もなされている。

(3) **新中間層**：第一次世界大戦後の産業化の進展、第三次産業従事者の増加により、都市部を中心に登場したとされる社会階層。頭脳労働という労働形態、俸給という所得形態、資本家と賃労働者の中間に存在するという社会階級構成上の位置、生活水準の中位性によって特徴づけられている。近代的な意味における「家庭」を実体化していった人々とされる。

(4) **子ども組**：近世日本の農村において、約7歳から14歳頃までの子どもが形成した集団。村の祭礼や行事の際、子どもだけの組織で自治的に活動し、一定の役割を担った。村の自治組織である「若者組」の下位に属していたとされる一方で、子どもによる自主的な「遊び仲間」が基本となっていたとも推測される。

(5) **生活世界**（Lebenswelt）：現象学の創始者フッサールによって概念化された語。前論理的・前科学的な、あらゆる意味の形成基盤である日常世界。近代科学の客観主義が隠蔽し忘却してきたものとして、注目される。これが転じて、理論化される以前の世界に生きている子どもの経験をとらえるキーワードともなった。

(6) **子ども文化**：教育学者の藤本浩之輔によって、大人が与える「児童文化」と区別して、子どもで創る、子ども自身の文化として提起された概念。藤本は、子どものあいだで伝承されてきた遊びの驚くべき歴史性や、遊びにおける子どもたちの創造性に高い文化的な価値を認め、子どもたちは「文化創造者」であるという見方を示した。

(7) **異年齢子ども集団**：高度経済成長下、テレビや漫画の普及が見られた1960年代の日本において、異年齢子ども集団はなお全盛時代にあったとされる。しかし、1960年代後半から1970年頃にかけて急速に「消滅」へと向かった。その背景には、テレビ・マンガ・ゲームなどの普及により、子どもを屋内遊びへと向かわせる生活環境の劇的な変化が指摘されている。

社会と教育

　本章では、教育という営みを、広く社会とのかかわりのなかで検討する。教育を行う目的は何か、と問われれば、子どもが将来社会で生活できるようにすること、という答えを思い浮かべるかもしれない。たしかに、家庭でのしつけ（家庭教育）、学校での学習指導や生徒指導（学校教育）には、子どもが社会で必要とされる知識やスキル、行動のとり方などを身につけ、社会の一員として生活できるようにするはたらきがみてとれる。しかし実際のところ、教育の目的は、こうした社会への順応だけにとどまらない。一方、子どもは、家庭、学校以外のさまざまなエージェント（行為の主体）によっても社会に順応していく。本章では、社会とのかかわりのなかで教育について理解するため、まず、社会化という概念を取り上げる。その上で、子どもの社会化にはどのようなエージェントが関わっているのかについて検討する。そして、さまざまなエージェントのうちでも学校に着目し、社会における学校教育の位置づけ、学校教育の社会的意義、今日の社会における学校と教師の役割についてみていく。

1. 教育と社会のかかわり

1. 社　会　化

　教育を広く社会とのかかわりのなかでとらえるために、ここでは社会化[1]について考える。フランスの社会学者であり教育社会学の提唱者であるデュルケーム（Durkheim, É., 1858-1917）は、社会化という概念を用いて、教育を定義している。デュルケームは、教育を成人世代による「未成年者の体系的社会化」としている。より具体的には、「われわれが所属している集団もしくは種々の集団を表明している観念、感情及び慣習の体系」の総体である「社会的存在」を各人のうちに形成することである（デュルケーム，1982，p. 59）。教育とは、成熟した世代の者が若い世代の者に対して働きかけ、各人のうちに社会のさまざまな価値観や行動規範などを内在化させるはたらきだというのである。

　こうしてみると、教育は、子どもを将来生活することが予定される社会環境に順応させる営み、いわば、社会における既存の価値観や規範、現状を維持しようとする保守的なはたらきともとらえられる。しかしデュルケームが考えていたのは、社会への子どもの順応という保守的な教育の機能だけではない。デュルケームは、「各社会は人間に関して肉体的および道徳的見地からと同様に、知的見地からも人間はどうあるべきかについての一定

の理想を作りあげる。（中略）この理想こそ教育の極限である」（デュルケーム，1982，p. 57）
として、社会化としての教育のうちにも理想の社会を追求する機能をみている。

　一方、デュルケームのいう社会的意義とは別に、教育には、個々の子どもの個性や能力を引き出しその伸長を促すという個人的意義もある。社会への順応、そして子どもの個性や能力の伸長という一見相矛盾する二つのはたらきについてどのように考えたらよいだろうか。仮に社会への順応にもっぱら重きを置けば、個々の子どもの個性の多様性は無化され、尊厳が脅かされかねない。現に、学校では、子どもたちへの行き過ぎた生徒指導や学校規則によって人権侵害も起きている。両者の関連性は重要な検討課題である。

2.　社会化の多様なエージェント

　子どもの社会化を促す担い手には、何が考えられるだろうか。子どもが誕生後最初の社会集団として出会う家族（親、きょうだい）、就学年齢に達すると通うことになる学校（教師）が思い浮かぶかもしれない。しかし現代社会を見回してみると、実に多様なエージェントが存在する。子どもの社会化を促すエージェントとしては、以下があげられる。

子どもの社会化を促すエージェント：家族（親、きょうだいなど）、地域（図書館、児童館、スポーツクラブ等の施設、地域で暮らす人々など）、学校（教師など）、仲間集団、書籍、マスメディア、インターネット上のネットワーク

　社会化を担うエージェントは、必ずしも人とはかぎらず、社会化の行われる過程も、対面の場合、そうでない場合がある。また、子どもが、親の姿を見て学んだり、教師の何気ない言動から学んだりするように、社会化は、必ずしもエージェントが意図した通りに行われるわけではない（隠れたカリキュラム〔第3・15章〕）。そして、何よりも明らかなのは、子どもの社会化を促すエージェントは学校だけでなく、それ以外にも多数存在するということである。それぞれのエージェントについて、具体的にどこで、何（または誰）によってどのような社会化の営みがあるのか、考えてみてほしい。たとえば、地域には、図書館、児童館、スポーツクラブ、習い事といった場所や活動があげられるだろう。学校についても、教師のほか学校司書、部活動の外部コーチ、ボランティアなどによる多様な教育課程内外の活動があげられるだろう。

　就学年齢に達すると子どもは、通常、一日の大半を学校という場所で過ごすようになる。しかし就学前、また就学後も放課後や週末、長期休暇のあいだ、学校以外の場でどのように過ごし、どのようなエージェントによって社会化を経験するかは、それぞれの子どもによって大きく異なってくる。学校外での子どものこうした教育経験は、学校での学びの経験、より具体的には学業達成（学力・進路形成）に対して大きな影響を及ぼす点に留意する必要がある（本章第2節3項）。

2. 社会における学校教育の位置づけ

1. 社会化エージェントの一つとしての学校教育

前節2項でみたように、子どもの社会化を促すのは、学校だけでなく、それ以外にも多数存在している。学校は、子どもの社会化を促すエージェントのうちの一つにすぎない。しかし、学校での教育は、フォーマル教育[2]として位置づけられ、それ以外のエージェントによって行われるインフォーマル教育[3]、ノンフォーマル教育[4]とは区別される。フォーマル教育は、学校制度のもと段階的かつ系統的に組織され、教育を行うという明確な意図で整えられた環境のなかで行われる教育である。一連の教育活動に必要な設備や施設の整った学校空間で、主に一定の資格を有する教師が、学習者に対して一定期間、継続的に教育を行う。一方、インフォーマル教育は、家庭内や仲間集団間でのやりとり、マスメディアなどを通じた教育の営み、ノンフォーマル教育は、図書館や博物館、美術館など学校外の施設で行われる各種講座や習い事等が例としてあげられる。

昨今、不登校等の事情によりフリースクール[5]への通学を選ぶ子ども、ホームスクーリング[6]で学ぶ子どもなど、学校教育＝フォーマル教育とは異なる教育を経験する子どももみられるようになっている。こうした動向も注目される。

2. 学校教育の社会的意義

前項で述べた通り、教育には、子どもたちのうちに社会のさまざまな価値観や行動規範などを内在化させ、将来生活することが予定される社会環境に子どもを順応させる営みという側面がある。しかし、教育の社会的意義はこれだけにとどまらない。本項では、特に学校というエージェントに着目し、子どもの生きる社会とのかかわりにおいて学校教育のもつ意義について以下3点を取り上げ、みていくことにする。

（1）社会からの要請への応答：国民国家の統合、経済社会の発展

19世紀末の国民教育制度下の学校は、国民国家の統合、経済社会の発展という2つの立脚基盤のもと制度化され普及してきた。ここには、社会からの要請に応えつつ、子どもを社会に順応させるという学校の社会的機能の一面がみてとれる。国民国家の創設とともに制度化された学校は、すべての子どもに同一の教育内容を提供し、言語、歴史認識、道徳を共有する国民を形成し、国家統合の文化的基礎となった（佐藤，2010，p. 21）。一方、経済社会の発展という点では、近代の学校では、産業主義社会（モノの生産と消費が市場経済の中心を成す社会）における有能な労働者を養成すべく、子どもに労働者として必要な知識や技能を効率的に伝授することが目指された（佐藤，2010，p. 21）。

1980年代以降、先進諸国では、グローバリゼーション、情報化（第14章）のなか、情報や知識、対人サービスが市場経済の中心を成すポスト産業主義社会（知識基盤社会[7]）へと

急速に移行している。ポスト産業主義社会では、高度の知識や情報を扱う知識労働や対人サービスを行う仕事が労働市場を形成し、人々は生涯にわたって学び続ける「学習社会」で生活することになる。グローバリゼーション、ならびに労働市場のこうした移行に伴い、学校教育の内容と方法は大きな転換が求められている（佐藤，2010，pp. 22-23）。目下、第四次産業革命[8]が進行し、AI（artificial intelligence；人工知能）、ロボット、IoT（Internet of Things；あらゆるモノをつなぐインターネット）、ビッグ・データ（非常に大規模なデータ群）等の普及する予測困難な社会をみすえ、ICT教育（第14章）のみならず、広く教育をどう転換していくのかが問われている。

（2）文化の継承と創造

学校は、文化の継承の場であり、また文化の創造の場である。ここで文化とは、われわれの暮らす社会において先人たちによって蓄積されてきた学問的、芸術的、科学的知識や技術だけを意味するのではない。われわれが日々の生活のなかで文脈に応じて無意識下に参照する、「あたりまえ」とされている共通の「考え方」「行動の仕方」「ものの見方」「対処の仕方」（石井ら，2013，p.14）といった側面をも含む。

文化をどうとらえるかによって、学校での教育のあり方は大きく異なってくる。文化と学校教育のかかわりは、本質主義（essentialism）、構成主義（constructivism；第10章）という2つの立場で認識することが可能である。前者の立場では、文化（知識、技能）は、不可変の価値ある遺産として扱われ、学校では、それを教科書や教師の声を通じて子どもに伝授し、継承することが重視される。

一方、後者の立場では、文化は、個人によって経験や内省を通じて解釈され再構成（生成）されるものとして扱われる。この立場では、子どもが学習のプロセスで知識を活用し、個人もしくは協働であらたな知識を創造することが強調される。後者の立場には、認知主義の学習理論を展開したピアジェ（Piaget, J., 1896-1980；第10章）、活動主義の学習論を唱えたヴィゴツキー（Vygotsky, L.S., 1896-1934；第10章）、進歩主義の教育哲学と実践を提唱したデューイ（Dewey, J., 1859-1952；第3，8，10章）などが含まれよう。

新学習指導要領では、「主体的・対話的で深い学び」が強調されているように、本質主義の立場のみならず、構成主義の立場での文化、授業、学習の考え方が反映されているといってよい。

（3）社会変革：批判的エージェントの育成

この一方で、学校教育を通じて子どもを社会変革のエージェントへと育成することを主張する人々がいる。米国の教育学者ジルー（Giroux, H. A., 1943-）、アップル（Apple, M. W., 1942-）らは、階級、ジェンダー、人種等をめぐる不平等や差別など社会の諸問題をみすえ、批判的教育学[9]を展開している。アップル（2013）は、学校という教育機関は社会変革のための重要な場になりうると主張する。学校は、多様な子どもたちが政治的により有効なあらたなアイデンティティを形成しながら互いに連帯しケアしあい、あらたな可能性

を描き出す舞台とも、あらたな可能性を試すための実験室ともなりうる（Apple, 2013, p. 163）。批判的教育が目指すのは、子どもを批判的エージェントへと育成することである。批判的エージェントとは、理論と実践、常識と批判的分析、学習と社会変革の各関係について能動的に問い、交渉することのできる者である（Giroux, 2007, p.1）。

3. 学校教育で扱われる価値ある正統な文化

　学校教育は、フォーマル教育として位置づけられ（本章第2節第1項）、学校では、学校教育に関わる諸制度のもと選定された価値ある正統な文化が扱われている。しかしここでいう価値ある正統な文化は、実際のところ、誰（具体的には、どの社会的集団）にとって価値があり正統であるのかについて考える必要がある。

　グローバル時代の今日、学校では、実に多様な子どもたちが学んでいる。子どもたちのあいだには、性別（出生時に割り当てられた性）、国籍、民族、宗教、セクシュアリティ（性的指向、性自認）、心身の状態、家庭環境（階層）、居住地などにおける差異がある。本節では、学校という多様な子どもの集まる空間でこうしたフォーマル教育が行われることで、現実にどのようなことが起きているのかについて検討する。

（1）社会における支配集団と再生産

　子どもの多くは、就学年齢に達すると学校に通うようになる。しかし同じように学校に通い、授業に参加していても、それぞれの子どもの学びの経験のうちに一つとして同じものはない。その背景には、個々の子どもには、それぞれ異なる生育歴や教育歴、家庭環境、文化的背景、身体的特徴があることがあげられる。たとえば、中学校公民の「持続可能な未来」の単元で地球環境や資源について学習するとしよう。日頃から家庭で新聞を読んだりテレビでニュースを聴いたりする子どもとそうでない子ども、家族と節約やリサイクル、自然環境保護について話題にしている子どもとそうでない子どもでは、教科書の内容についての理解も仲間との話し合いも、異なった経験となるだろう。こうした個々の異なる学びの経験は、学業達成（学力、進路形成）の違いとして表れてくるかもしれない。

　フランスの社会学者ブルデュー（Bourdieu, P., 1930-2002）は、文化的再生産論[10]を展開し、家庭の階級・階層的要素が子どもの学業達成に対して及ぼす影響について議論している。家庭で子どもが身につける文化、特に家庭で時間をかけて形成される「ハビトゥス」（ものの好み、性向など）は、階級・階層ごとに特徴的であるものの、学校の文化は各階級・階層に見合った内容とはなっていない。そのため、学校文化と親和性の高い「ハビトゥス」を身につけた中産階級以上の子どもは学校で成功する。一方、庶民階級の子どもは成功しにくいという事態が起きている（小内, 2018, p. 99）。学校生活に親和的なハビトゥスを家庭で身につけられるか否かが、学校での子どもの成績や教師による評価に影響を及ぼすというのである。いわば、学校で扱われる文化は、特定の社会集団に親和的で、この集団の支配的地位を維持する機能を果たしている（耳塚, 2014, p. 28）。平等かつ民主主義の

社会を実現する個人を育成すべき学校が、現実には、親の階級・階層的地位をそのまま子どもの世代に継承する（すなわち、再生産する）場として機能しているのである。

（2）学力の格差という問題

学力の定義は学問領域等によってさまざまであるものの、「なにがしかの方法で測定された学業達成」をほぼ共通項とする（耳塚, 2018, p. 556）。一見、子どもたちのあいだの学力の差異は、子どもがみずからの能力と努力で得た公平な競争の結果のようである。しかしながら、メリトクラシー（第1章）の考え方からも明らかなように、現実には、この競争には子どもの家庭環境（文化的豊かさ、経済的豊かさなど）が多大な影響を及ぼしており、どの子どもにも平等に機会の開かれたものであるとはいいがたい。こうした問題性を告発し是正を要求するという含意ゆえ、子どもたちのあいだに生じる学業達成上の違いは、学力の差異ではなく学力の格差[11]なのである。

日本社会では、江戸期まで、居住地域、性別、身分による文字の読み書き能力の格差が存在していた。その後、近代学校の制度化と普及、経済発展、交通基盤の整備等を経て、現代では、読み書き能力の格差は学力の格差へと姿を変えている。全国学力・学習状況調査[12]【QR5-1】の結果によると、居住地域や性別ではなく、むしろ各家庭の文化的環境や経済的豊かさが子ども間の学力格差を拡大している（耳塚, 2014, p. 1）。

3. 今日の社会と学校、教師の役割

前節まで、広く教育という営みについて社会とのかかわりから検討してきた。今日、学校はどのような役割を担い、教師はどのような課題を意識する必要があるだろうか。

グローバル時代、高度情報化時代と呼ばれる今日、社会化のエージェントはますます多様化している。学校が社会化を担うエージェントとして過度に強調される時代ではなくなりつつあるかもしれない。あらためてフォーマル教育としての学校教育の意義について考えるとともに、学校で扱う文化の「価値」、「正統性」について問うてみる必要がある。

また、学校教育の意義には、社会の発展とともに変化が認められる。社会からの要請への応答という点では、AI、ロボット、IoT 等の普及する予測困難な近未来の社会をみすえた教育が求められよう。その一方で、社会に存在するさまざまな不平等、格差といった諸問題をみすえ、学校教育では、社会を変革するエージェントを育成するという視点も重要となっている。さらに、文化の継承だけでなく文化の創造の場としての学校では、構成主義的な文化観、知識観に基づく授業実践が求められるようになっている。

続く第6〜10章で扱う国内外のさまざまな教育の思想および学習に関する諸理論、第11〜15章で扱う歴史的な教育の展開、現代社会における教育をめぐる諸課題では、今日の社会における学校と教師の役割についての探究がさらに深まるであろう。

（金井　香里）

3. 今日の社会と学校、教師の役割

47

【QR5-1】
全国学力学習
状況調査

【引 用 文 献】

Apple, M. W., (2013). Can Education Change Society? Routledge.

紅林伸幸（2018）．社会化　日本教育社会学会（編）教育社会学事典（pp. 82-83）　丸善出版

中央教育審議会（2005）．「我が国の高等教育の将来像（答申）」

デュルケーム　É.（著）佐々木交賢（訳）（1982）．教育と社会学（新装版）　誠信書房

Giroux. H. A. (2007). Introduction：Democracy, Education, and the Politics of Critical Pedagogy. In P. McLaren & J.L. Kincheloe (Eds.), Critical Pedagogy: Where Are We Now? (pp. 1-5) Peter Lang Publishing Inc.

石井敏・久米昭元（2013）．異文化コミュニケーションの基礎概念　石井敏・久米昭元・長谷川典子・桜木俊行・石黒武人　はじめて学ぶ異文化コミュニケーション──多文化共生と平和構築に向けて──（pp. 11-34）　有斐閣

耳塚寛明（2014）．学力格差の社会学，耳塚寛明（編）教育格差の社会学（pp. 1-24）　有斐閣

耳塚寛明（2018）．学力問題，日本教育社会学会（編）教育社会学事典（pp. 556-559）　丸善出版

小内透（2018）．再生産論　日本教育社会学会（編）教育社会学事典（pp. 96-99）　丸善出版

佐藤学（2010）．教育の方法　左右社

佐藤学（2021）．第四次産業革命と教育の未来──ポストコロナ時代のICT教育──　岩波書店

澤田稔（2018）．批判的教育学　日本教育社会学会（編）教育社会学事典（pp. 114-115）　丸善出版

渋谷英章(2006)．フォーマルエデュケーション，インフォーマルエデュケーション，ノンフォーマルエデュケーション，日本生涯教育学会，生涯学習研究e事典.
http://ejiten.javea.or.jp/（2023年3月23日最終閲覧）

用語解説

(1)　**社会化**：米国の社会学者パーソンズ（Parsons, T., 1902-1979）によって「社会の文化を内在化すること」として定式化され、社会学の最重要基礎概念の一つである。1970年代以降の社会化論では、社会化は、（学校や教師による生徒集団の社会化というような）一方向的なものとは異なる解釈が提示されている。たとえば、学校では、仲間との関係性のなかで生徒によって主体的能動的に行われることが描写され、社会のレベルでは、社会が個人の社会的実践によって再構造化されていることが指摘されている（紅林，2018）。

(2)　**フォーマル教育**（formal education）：高度な制度化、年齢による構造化、階層的な構造を特徴とする学校教育を指す（渋谷，2006）。

(3)　**インフォーマル教育**（informal education）：日常的経験や環境とのふれあいから、知識、技術、態度、識見を獲得し蓄積する、生涯にわたる過程。組織的、体系的教育ではなく、習俗的、無意図的な教育機能である（渋谷，2006）

(4)　**ノンフォーマル教育**（nonformal education）：フォーマル教育とインフォーマル教育の中間に位置する。学校教育の枠組みの外で、特定の集団に対して一定の様式の学習を用意する、組織化され体系化された教育活動を指す（渋谷，2006）。

(5)　**フリースクール**：フリースクールという概念それ自体は多義であり、特定の教育理念・方針に基づく教育を提供する学校（公教育に対する選択肢という意味で、オルタナティブスクールとも呼ばれる）、不登校の子どもの支援や教育の場などが含まれる。ここでは、後者を意味する。昨今、不登校者の増加を背景に法整備が行われ、民間フリースクールでの学びも一定条件のもと学校長判断で出席扱いとなる等、大きな変化がみられる。

(6) ホームスクーリング：家庭に教育の拠点をおき、親が子どもに対して学校の代替えとなる教育を担う。海外では、米国（全州）、英国、フランス等、合法とする国がある。一方、日本では、法律上認められていない。

(7) 知識基盤社会：2005 年の中央教育審議会答申「我が国の高等教育の将来像」で 21 世紀の社会を指してはじめて用いられた。新しい知識、情報、技術が政治、経済、文化をはじめ社会のあらゆる領域での活動の基盤として飛躍的に重要性を増す社会を意味する。

(8) 第四次産業革命：AI、ロボット、IoT、ビッグ・データのほか、ナノテクノロジー、バイオテクノロジー、再生可能なエネルギー開発等によって遂行される産業革命を指す。言葉は、2016 年の世界経済フォーラム（ダボス会議）で初めて登場したものの、すでに 2012 年頃から AI 等で制御されたドイツの工場で現実化していたとされる（佐藤, 2021, pp. 6-7）。

(9) 批判的教育学（critical education）：1970 年代後半以降、米国で、アップル、ジルーらを代表的論客として展開されてきた。ネオ・マルクス主義の系譜に連なる教育研究。教育をめぐるさまざまな権力関係、不平等問題を焦点化する点に特徴があり、その分析、および不公正な教育状況に対する異議申し立てやその是正・変革に向けた提案を理論、実践の両面から蓄積してきた（澤田, 2018）。

(10) 文化的再生産論：フランスの社会学者ブルデューによる。人々の階級・階層的地位は、経済資本、文化資本、社会関係資本の量とその構造によって決まるとした上で、特に文化資本を重視する。文化資本を、客体化された形態（本、絵画など）、身体化された形態（ものの好み、性向など。「ハビトゥス」と呼ぶ）、制度化された形態（学歴、資格など）の３つに分類し、特に家庭で時間をかけて形成される「ハビトゥス」は、学校文化との親和性の度合いが子どもの教育的成功に影響を及ぼすと指摘する。一方、再生産論は、宿命論的で固定的な理論になりやすいという批判もある（小内, 2018, p. 99）。

(11) 格差：格差には、①一方と他方のあいだに「優劣の価値を伴うまなざし」、②「告発性」（特定の差異を問題視）、③「行動要求」（是正、縮小、緩和を目指した行動を要求）が伴う（耳塚, 2014, pp. 2-3）。家庭環境（世帯収入、家族構成、生活習慣など）や居住地など、子どもにとっていかんともしがたい事項によって生じる学力や教育機会などの差異は、子どもの個性とはいえない。告発性と行動要求の伴う事態であり、差異ではなく格差である。

(12) 全国学力・学習状況調査：文部科学省が 2007 年より再開した。調査方法は幾度か変更され、2023 年現在、小学校６年生、中学校３年生に相当する児童生徒を対象に、毎年４月に国語、算数・数学、理科（３年ごと）について悉皆調査として実施している。本調査では、家庭の学習環境、生活環境についてのアンケート調査も行っている。

⋰⋱⋰⋱ 【コラム2】個別支援を要する児童生徒：ヤングケアラー ⋰⋱⋰⋱

1. 児童生徒個々人に対する教師の役割

　教師は児童生徒の個性、学習意欲、学力、適性などを総合的に理解しながら、個人から集団レベルの学習に最適の授業を組み立てている。このために、教師は学習者一人ひとりを十分に観察・理解した上で、個々人の求める学習に対する情報や助言を与える進路指導、学習意欲を高めるためのコーチングを活用した生徒指導、さらに、学習のつまずきや悩みに対するカウンセリングを用いたアプローチなどが、授業づくりや学級づくりを支えている。これら教師による総合的な支援により、児童生徒の学習意欲が高まり、短期・中期の目標に向け、自己実現を果たすことが期待される。しかしながら、本コラムで言及するヤングケアラーをはじめとした個別の支援事項は、学習者の努力以前に"家庭"環境や本人の特性の問題であり、担任の支援では限界があるので、今後さらなる行政的支援や校内外の他職種との連携が必要である。

2. ヤングケアラーとは

　生まれた地域社会や家庭環境により、個人の努力だけでは乗り越えられないことが社会には存在している。近年、社会問題として取り上げられているのがヤングケアラーである。これは、18歳未満の子どもや若者の未成年者が、1）障害や病気の家族員に代わる家事一般、2）祖父母などの家族員への介護、3）きょうだいなどへの育児や世話、さらには、4）ギャンブル依存症などの問題を抱える家族員への対応などの精神的サポート等を過度に担い、これらの要因が単独ないしは重複し、自身の本来の勉学や部活動が制限され著しい不利益を及ぼしていることである【QRコ2-1】。ヤングケアラーの定義上の年齢は18歳未満であるが、大学生や専門学校生など20歳前後の未就労の若者が家族と同居し、同様の問題を抱えているケースも含むこともある。

　本テーマに関する厚生労働省委託調査（日本総合研究所，2021）からは、全国の小学6年生では、「世話をする家族がいる」と回答した児童は6.5%であった。現在のように社会から認知される前は、親孝行としてむしろ好意的に見なされていたのかもしれない。しかしながら、児童・青年期の当事者は、将来に向けての勉学に勤しみ学友との交流を深めるという貴重な経験を奪われてしまい、極端な場合、ネグレクト状態に置かれていることもあり、不利益を被っているので、学校による個別支援と行政的支援が必要になってくる。

　また、ヤングケアラーの未成年者は、家族特有の環境に日々暮らしているため、自身がなかなか該当者であると気づきにくく、また、うすうす気づいていたとしても認知的不協和【QRコ2-2】の心理機制が働き、自身の置かれた厳しい現状を否認しているかもしれない。

3. 教師によるアプローチ

　ヤングケアラーに関しては、学校で過ごす時間の多い教師がその発見に重要な役割を果たす。児童生徒みずからが当事者であると教師に対し相談するケースはほとんど考えられないため、教師は児童生徒の行動にその前兆が見られるかどうか、サインを見逃さない行動観察が重要である。たとえば、以前に比べ校内で、欠席・遅刻・早退の増加、成績の下降頻繁な授業中の居眠り、感情鈍麻、友人関係の縮小、部活動の休部・退部、保健室利用の増加などが見られた場合である。また、家庭や地域では、家業の過度な手伝い、保護者

【QRコ2-1】
ヤングケアラー
のイラスト分類

【QRコ2-2】
認知的不協和
理論

や祖父母の病気による看病、兄弟姉妹など家族員の多い大家族、保護者の仕事の多忙・失職などの情報をつかんだ場合も同様である。このような場合、校内のスクールカウンセラー、スクールソーシャルワーカー、養護教諭などと、情報交換やコンサルテーションを行うことが重要である。

　教師が、特定の児童生徒がヤングケアラーに該当するのではないかと察し、それが、上記の専門職との協議や学年会議でも該当することが疑われる場合、すみやかに、小学では生徒／生活指導担当、中高は生徒指導主事（主任）に報告をし、学校全体でアプローチをする必要がある。ネグレクトをはじめとした虐待が疑われる場合は、学校管理者から教育委員会や児童相談所へ報告を行う。緊急ではなく該当者が学校に通学している場合には、本人の自尊心を傷つけないように、ヤングケアラーという概念を丁寧に説明することが重要になる。日頃より、授業や学年・学級通信、学級図書等の設置（例：美斉津，2022）でヤングケアラーについて啓発的な心理教育を行うことにより、予防的効果も期待される。一方、不登校がちなケースでは、安否確認も兼ね担任による定期的な家庭訪問を行う（スクールカウンセラーの同行）、あるいは、スクールソーシャルワーカーが配置されている場合は、家庭訪問や児童民生委員と協議するなど、校内外との連携が重要である。ここで、各専門職との連携や情報共有などを行うコーディネーター役を決めることから支援が開始される。コーディネーターは、学校により組織上の役割分担が異なるであろうが、フットワーク機敏な担当者が適任である。

4．その他の教育的配慮

　ヤングケアラーのほかにも教育的配慮や支援が必要な事項として、LGBTQ+の児童生徒への配慮および当事者に対する級友の理解方法についての工夫、発達障害や聞き取り困難症・聴覚情報処理障害児童生徒に対する合理的配慮、学校・地域災害時および児童生徒の自死などの際の学校全体の緊急支援時における全体・個別ケア、そして、いじめ被害により不登校あるいは別室登校の児童生徒に対する個別補習授業やオンライン授業（欧米では逆に加害者側がプロベーションとして別室で支援を受けることもある）などがある。ヤングケアラーをはじめ生徒指導上のさまざまなケースにおいて、教師はチーム学校（チームとしての学校）の視座に基づき、校内・外の専門職と連携をとり、児童生徒の学習する権利を守り、最善の教育を提供することを常に自覚することが大切である。

（武田　明典）

【引用文献】
美斉津康弘（2022）．48歳で認知症になった母　KADOKAWA
日本総合研究所（2021）．ヤングケアラーの実態に関する調査研究報告書
　　https://www.jri.co.jp/MediaLibrary/file/column/opinion/detail/2021_13332.pdf

Chapter 6

西洋教育思想

　現代の教育思想の基盤には、西洋の思想家たちの歴史がある。本章では、近代が始まる時代の３人の思想家、つまり、教育を思想として提示したコメニウス、教え導く対象として子どもを定位したジョン・ロック、子どものなかに発達する主体を見出したルソーについて述べる。

1. コメニウス

　コメニウス（Comenius, J. A., 1592-1670）は、チェコ生まれの教育思想家で、近代教授学[(1)]の祖で自然主義の祖とも呼ばれている。代表作品は、『大教授学』（1657 年）と『世界図絵』（1658 年）である。

　『大教授学』の副題は、「あらゆるひとに、あらゆる事柄を教授する普遍的な技法を提示する」となっており、万人が学ぶという構想から生まれている。それゆえ、公教育の始まりをコメニウスに求める考え方もある。17 世紀前半、神聖ローマ帝国（現在のドイツおよび周辺）の宗教・政治的対立から起きた三十年戦争で、荒廃した祖国を目の当たりにし、教育に人類の全体の救いがあるとコメニウスは考えるようになった。コメニウスは、宇宙全体の秩序を知らせることによって、世界に平和をもたらそうという意志をもっていたといわれている（井ノ口, 2001）。コメニウスの「あらゆる人」の意味は、貧富の差や性別の違い、居住地域に関係なく誰でもが、ということであり、『大教授学』や『世界図絵』は、職業による差別意識はまったく感じられないものとなっている（井ノ口, 1998）。

　コメニウスは、人間の教育期間を 24 歳までととらえ、「幼児期」「少年期」「若年期」「青年期」の４段階に区切り、「母親学校（幼児教育）」「母国語学校（初等学校）」「ラテン語学校（中等学校）」「アカデミア（大学）」各６年間ずつの単線型教育体系を提起した（金子, 2003）。

　『世界図絵』は、世界初の「絵入り教科書」である【QR6-1】。絵にはルビがふられて、その解説がなされている。そこでは、人間や世界、遊び、食べ物等について詳しく述べられており、当時の世界観がわかるものになっている。『世界図絵』は当時、子どもの絵本としても親しまれていた。『世界図絵』の内容を見ることで、当時の世界観を知ることができる。いくつかの内容を紹介したい。

　同書の最初の章「入門」（図6-1）は、教師と生徒の会話から成っている。教師の「私があらゆる事物をとおして導いてあげよう。私はすべてのことをお前に示して、これらの名

52

【QR6-1】
『世界図絵』
のオンライン
アーカイブ

前を教えてあげよう。」「……その後私達は世界の中へ進み、あらゆる事物を観察するだろう。」という言葉からも、万人に対して、あらゆることを学んでほしいというコメニウスの思想があらわれている。

「94 本屋」では、本が書店で売られていることや、書庫が描かれており、本屋が現代とあまり変わらなかった様子がうかがえる。

「97 学校」では、教師は椅子に腰かけ、生徒たちは長椅子に座っている。また、横にあるテーブルに座って書き方をしている生徒もいる。他の生徒は教えられたことを暗唱するなど、一斉に同じことをするのではなく、現代の一斉授業とは異なる様相を呈している。また、おしゃべりをして不真面目な生徒は、杖や鞭で罰せられるという、体罰が容認されている実態も読みとれる。

「136 少年の遊び」（図6-2）では、当時の子どもたちの遊び方が描かれている。私たちにもなじみのあるビー玉遊び、九柱戯と

図 6-1 「入門」(コメニウス，1995)

図 6-2 「136 少年の遊び」(コメニウス，1995)

いうピンに向かって球を転がす、現代でいうとボーリングのような遊びや、小さな球を棒で打って輪をくぐらせる遊び——これはパットゴルフやゲートボールのようなものだと思われるが、ほかにこま回しや、吹矢、石弓、竹馬、ブランコなどが描かれている。これらの遊びは、現代でもなじみのあるものであり、当時の子どもの遊びが現代にも受け継がれてきたことが読み取れる。

『世界図絵』には、このような世界、生活、遊び等の描写が、150 項にわたって描かれており、当時の人々の考え方や日常をうかがい知ることができる。

2. ジョン・ロック

ロック（Locke, J., 1632-1704）は、イギリス経験論哲学の代表者である。プラトンからデカルトまで、人間の知識や能力は、生まれる前から備わっていると考えられてきた（生得観念説）。ロックはこの生得観念説を否定し、人間精神を白紙と見立てた白紙（タブラ・ラサ）

説を唱えた。これは観念が生まれながらに人間に備わっているのではなく、生まれてから
のち、成長過程において経験を積んで観念が得られるという考え方である。ロックはこの
考えに基づき、『人間知性論』（1690年）を執筆した。同じく代表的著作に『教育に関する
考察（教育論）』（1693年）がある。これはジェントルマン形成のための教育論であり、当時
の貴族や富裕層に読まれた。経験を重視し、経験を通した習慣形成による健全な心身の教
育、理性の教育により立派な紳士に育てることを目的とした。このように経験を重視した
考え方を経験論という。

　ロックは、「教育で最も心すべきことは、どんな習慣（Habitus）をつけるかということ
である」という。また、食事の時間や内容、体育、賞罰の与え方などについて、具体的に
細かく、適切な習慣について述べている。「第一に注意すべきことは、子どもたちは、冬
でも夏でも厚着させたり、くるんだりしてはいけないということです」。さらに、毎日、
冷たい水で男の子の足を洗ってやることが、身体を丈夫にするために必要だとも述べてい
る。また、次のようにいう。「覚えておいていただきたいのは、子どもの記憶からいつも
滑り落ちてしまうような規則だけで子どもを教育してはいけないということです。どうし
ても子どもに実行させたいと思うことがあれば、機会があるたびにしっかりとそれを練習
させて身につけさせること、そして可能なら、その機会をつくってやることです。こうす
ればそれが習慣になります。そして、習慣は、一度確立すると、記憶の助けを借りなくて
も、おのずと容易に、自然に作用するものです。」（ロック，2001）規則を作るだけではな
く、それを実践させ、経験させること。これが習慣化し、子どもは自然と実行できるよう
になる。このようにロックは習慣形成としての教育をもっとも重視した。それは教科など
の勉強のみならず、身体を鍛えることや食事のあり方など、生活全般にわたる「教育」に
とって必要なものなのである。

　また、一般的には体罰否定論者として知られ、鞭ではなく、子どもの興味や、親の威厳
により教えることを提示したとして知られるが、唯一「強情」にだけは体罰を推奨してい
る。この場合は、身体的苦痛ではなく、人前で体罰をされる恥ずかしさから内面の矯正に
効果があると考えていた（寺崎，2003）。すなわち、恥を原理とする内面的罰による懲治と
矯正である。

■■　3. ル ソ ー　■■

　ルソー（Rousseau, J.-J., 1712-1778）は、生まれはスイスであるが、主に活動したのはフラン
スで、フランスの思想家、「子どもの発見者」として知られている。18世紀後半は啓蒙主
義[(2)]の時代であり、ルソーはフランス社会における不平等を『人間不平等起源論』（1755
年）に著している（森田，2003）。ルソーの教育思想は、このような社会において、自然秩
序のもとでは、皆、平等で、「人間であること」が人間の天職だという主張が根本にあっ

た。代表作で有名な『エミール』（1762年）では、架空の人物エミールに対する教育が描かれており、以下の文章がルソーの思想を物語っている。

> 人は子どもというものを知らない。……彼らは子どものうちに大人を求め、大人になる前に子どもがどういうものであるかを考えない。……とにかく、まずなによりもあなたがたの生徒をもっとよく研究することだ。あなたがたが生徒を知らないということは、まったく確実なのだから。（ルソー, 1962, p. 16)

　中世ヨーロッパでは、歴史家のアリエス（1980）が明らかにしたように、子どもは「小さな大人」（第2章）として扱われていた。子どもの労働や、博打なども日常的にみられる風景であったが、そのなかでは、乳児を布に包んで動かないようにぐるぐる巻きにするスウォッドリング（第2、11章）という慣習もあった。乳児を動かないように布で巻き、糞尿が布の内側にたまったままなので非常に不衛生であり、病気を誘発するものであった。この習慣はヨーロッパ各国で、18世紀または国により19世紀頃まで継続していた。ルソーは、このような社会において、「子どもは大人とは違い、発達段階に沿って成長していくこと」を主張した。子どもには発達段階説があることや大人の所有物ではない子どもの権利を唱えた。
　ルソーの発達段階説では、子ども（enfance）期が、第1期：0-1歳　言葉以前の感覚の時期——感覚の段階、第2期：12歳まで　自然と事物の掟を知る時期——感覚的理性の段階、第3期：15歳まで　力が欲望を上回って発達する理性の目覚めの時期——知的理性の段階と分かれており、『エミール』の構成はこの発達段階に沿ったものになっている。ルソーは、「自然の秩序のもとでは、人間はみな平等であって、その共通の天職は人間である。」とし、「生きること、それが私の生徒に教えたいと思っている職業だ。」という。ルソーの教育の主の目的は、ここにある。
　また、「教育は生命とともにはじまるのだから、生まれたとき、子どもはすでに弟子なのだ。教師の弟子ではない。自然の弟子だ。」としている。この場合の自然は、大自然ではなく、人間の内部の諸器官発達など、内部の自然を意味している。ルソーは、教育には3つの要素「自然」、2つ目は「事物」、3つ目は「人間」が必要だとしている。この子どもの時期は、大人が教え込まないという意味で「消極教育」という言葉を用いている。しかし、これは何もしないという意味ではない（太田, 2001）。上記の3つの教育がバランスよく調和したところに理想の教育があるとルソーは主張する。
　『エミール』のなかには、次のような論述がある。「わたしたちは、いわば、この世に二度生まれる。一度目は存在するために、二度目は生きるために。はじめは人間に生まれ、次には性をもつ者として生まれる。」の「次には性をもつ者として生まれる」というくだ

りが、性の芽生えを示唆しており、そのため、本書は「青年の発見の書」ともいわれる。ルソーは、後に活躍するペスタロッチをはじめ、後世の思想家たちに多大なる影響を与えた一人である。

（松永　幸子）

【引 用 文 献】

アリエス, P. (1980). ＜子供＞の誕生――アンシャン・レジーム期の子供と家族生活――　杉山光信・杉山恵美子（訳）みすず書房

コメニウス, J. A. (1995). 世界図絵　井ノ口淳三（訳）平凡社

井ノ口淳三 (1998). コメニウス教育学の研究　ミネルヴァ書房

井ノ口淳三 (2001). 汎教育の思想　山﨑英則・徳本達夫（編著）西洋の教育の歴史と思想　ミネルヴァ書房

金子茂 (2003). コメニウス――「あらゆる人にあらゆる事柄を」――　宮澤康人（編著）三訂版　近代の教育思想　放送大学教育振興会

ロック, J. (2001). 子どもの教育　北木正章（訳）　原書房

森田伸子 (2003). ルソー――子どもの発見――　宮澤康人（編著）三訂版　近代の教育思想　放送大学教育振興会

太田光一 (2001). 児童中心主義の教育と思想――ルソー――　山﨑英則・徳本達夫（編著）西洋の教育の歴史と思想　ミネルヴァ書房

ルソー (1962). エミール（上）　今野一雄（訳）岩波書店

寺崎弘昭 (2003). ロック――習慣形成と近代社会――　宮澤康人（編著）三訂版　近代の教育思想　放送大学教育振興会

用 語 解 説

(1) **教授学**：語源は、ギリシア語の「教えられる」というであり、もともと「教え方の学」、あるいは「教える術」として発展してきたもの。それを普遍的技術としてコメニウスが体系化した。

(2) **啓蒙主義**：自然科学の発達とともに合理主義が成長して出現した。伝統な前近代的な価値観を批判し、理性の自立を訴える思想的立場。

近代教育思想

7

本章では、教育史のなかでも「近代」に焦点を当て概説する。近代という時代は、一般的には18世紀前後を指す。その特徴として、中世以来の封建制度的身分制度[1]の撤廃によって、あらたな市民社会の創造と形成があげられる。また宗教改革に伴うプロテスタンティズム[2]の台頭によって、資本主義社会や議会制、立憲制を基本とする政治体制などあらたな社会が構築されていった。

一方で、哲学や思想に目を向けると、人間主義[3]、科学的合理主義[4]があげられ、キリスト教会の展開する世界観を脱し、人間が自由であり、平等であることを尊重する立場を目指していた。17世紀から18世紀にかけてロック（Locke, J., 1632-1704）、ルソー（Rousseau, J.-J., 1712-1778）、カント（Kant, I., 1724-1804）など啓蒙主義[5]の哲学が開花し、産業革命や市民革命へと発展した。こうした時代における教育について、多大なる影響をもたらした人物に着目し、その生涯、教育思想の展開、功績などについて取り上げ概説する。

1. ペスタロッチの教育思想

1. ペスタロッチの生涯

ペスタロッチ（Pestalozzi, J.H., 1746-1827）は1746年、スイスのチューリッヒで生まれた。父親と5歳で死別したため、母と召使いのバーベリ、兄、妹とともに暮らした。彼は牧師の祖父の影響もあって神学を修め牧師なることを志していたが、ルソーの『エミール』（第6章）との出会いによって一変する。ルソーの「自然に還れ」を実践するかのごとく、1764年田園ノイホーフに移住し農業経営の傍ら、貧児院を開設した。貧児院では貧しい子ども（4歳から19歳）を保護し、読み書き、紡績、家政などの教育を行った。

そして、『隠者の夕暮れ』（1780年）、『リーンハルトとゲルトルート』（1781-1787年）などを出版し、みずからの教育思想を展開した。ペスタロッチの名が世に知れ渡ったことがらとして、政府の要請で従事したシュタンツでの孤児の救済活動、ブルクドルフで行った初等学校での教育活動、イヴェルドン城に移動して行った教育活動とその実践を示した教育論があげられる。また本章にて後述するヘルバルト（Herbart, J.F., 1776-1841）は、ブルクドルフ学園に視察に訪れており、彼の教育学の樹立においても多大な影響を及ぼしている。加えて世界初の幼稚園を開園したフレーベルはイヴェルドン学園に1805年と1808年から

2年間訪れ、教示を受けている。世界で初の本格的な保育所を開設したオウエン[6](Owen, R., 1771-1858) も 1818 年にイヴェルドンを訪れ教育活動を見学している。1826 年、イヴェルドン学園内部の教師間の争いで学園が閉鎖された後、ペスタロッチはノイホーフに戻り、1827 年 81 歳の生涯を閉じた（乙訓，2020，pp.75-80）。

2. ペスタロッチの教育思想

　ペスタロッチの教育思想の特徴として、第一に人間の陶冶、第二に合自然の教育、第三に直観教授の原理、第四に生活圏の原理があげられる。ペスタロッチは「基礎陶冶の理念」(die Idee der Elementarbildung) という思想において、子どもの素質と能力を調和的に発達させる方法として掲げた。基礎陶冶において教育目的は、単なる知識の習得ではなく生活への適応であり、道徳的、知的、身体的な諸能力を陶冶する、すなわち調和的に発展することを目指した。

　次に合自然の教育は、ペスタロッチの教育思想の源流となるルソーから学んだもので、人間本性 (die menschliche Natur) は自然の発達の過程（自然の歩み）に即応しなければならないという考え方である。

　第三に直観教授の原理は合自然に基づき、普遍的、調和的に子どもを陶冶に導くための方法としてあげられた。子どもの感覚に訴える事物を提示することで、子どもの興味や関心を喚起する。とりわけ精神、技術能力、心情の３つの要素に応じ、知的直観教授（数、形、語は教育における初歩であり、どれだけ多く、どのような種類の事物があるか、それらの事物がどのように見えるか、その名称は何というか、という要素を通して教育を行う）、技術的直観教授（打つ、運ぶ、押す、投げる、引く、転がす、廻す、揺るがすといった動作は、あらゆる技能の基礎で、仕事の基礎となる複雑な動作を含む）、道徳的直観教授（克己と努力によって道徳的訓練を行い、日常生活のなかで道徳的見識を習得させる）を提唱した（島田，1996，p.184-186; 江頭，2011，pp.73-74）。

　第四にペスタロッチの教育思想は、学校の教室にある学習理論であるだけでなく、生活における子どもの活動全般において考えられている原理である。生活においても「家庭生活の圏内」(der Kreis des hauslichen Lebens) での営みを意味する。子どもは家庭生活の影響に刺激され、思考や行動の基礎が培われる。いわば生活から出発し、生活のなかで学ぶという原理となる。（乙訓，2010，pp.95-96）

3. 教育に与えた影響：教育を通して社会を変える

　1870 年代半ば、わが国ではペスタロッチ主義教授法が米国から移入されたことに伴いペスタロッチの名が知られることとなった。その特徴としては、先に述べた直観教授が紹介されたことによる教育方法の刷新があげられる。それは教授法を一新する「開発教授法」として、宣伝され定着が図られた（鳥光，2004，pp.187-188）。「開発教授法」とは、教師が教材を用いて知識、教義などを教え込む従来の一方通行の教授法とは異なり、教師と学

習者が対話質疑することで、学習者が発見したり、自発的思考を行ったりすることを重視する教育方法である。形骸化した知識の詰め込みではなく、学習者が知識を駆使して知性を開発させることが特徴となる。従来、知識の一斉教授、記憶とその出力といった単純な教授法だったのに対し、ペスタロッチは学習の興味・関心を基本とした直観教授を開発し、その実践を行ったことが大きな功績といえる。

　日本においても、1945年から1967年にかけての戦後教育改革以降、ペスタロッチは戦後新教育の祖、民主主義的改革者として受容される。1945年終戦を迎えると、連合国最高司令官総司令部（General Headquarters: GHQ）は戦後教育改革に着手した。その主要な観点として、積極的に米国の経験主義的カリキュラムを導入し、米国由来の「新教育」によって、戦前の旧教育の刷新を図った。その際にペスタロッチは新教育のシンボルとして注目された。たとえば1946年に文部省が教師向けの指針として発行した『新教育指針』のなかで「生活のなやみの中にも高い理想を仰ぎ、貴いつとめによつて自ら慰めたこのペスタロッチの精神こそは、永遠に教育者の力であり光でなければならない」（文部省,1946, p.60）と示されている。このように教育方法のみならす、その崇高なる信念、教育への愛という意味でも、その功績を知ることができる。

　教育方法や教育精神としての影響は世界中に波及し、現代においても普遍的な理論として語り継がれている。たとえば、開発教授法に示される意図はアクティブ・ラーニングの萌芽、わが国が標榜する「深い学び」に通じる。ペスタロッチは当時から「貧困」という現代の教育課題に正面から取り組み、社会的弱者の救済に尽力した。こうした観点からもペスタロッチは眼前の子どもの教育のみならず、教育を通して社会を変えるということの先駆としてとらえられるのである。

2. ヘルバルトの教育思想

1. ヘルバルトの生涯

　ヘルバルトは、1776年、ドイツ北部のオルデンブルグに生まれた。父は法律家で町の参事官の職にあり、母は医師の娘で教養深い婦人であった。ヘルバルトは虚弱であり、他児のように公立学校に入学し教育を受けることができなかった。しかし、家庭教師による教育もあって、哲学、数学、物理学に秀で、音楽でも非凡な才能を発揮し、ギムナジウム（第11章）へ入学することができた。1794年、18歳でギムナジウムを優秀な成績で卒業し、父の影響からイエナ大学へ進学した。1797年から2年半、ヘルバルトは3人の子どもの家庭教師となり、1799年、ペスタロッチのブルクドルフ学園を訪問し学んだ。1802年、ゲッチンゲン大学の私講師となり、1804年から大学の講師をしつつ、『ペスタロッチーの直観のABC』（1804年）を出版、1806年には『一般教育学』（1806年）を刊行した。1809年

ケーニヒスベルク大学から招へい、カントの後任として教授となった。1833 年にはゲッチンゲン大学に招かれ 8 年間教鞭をとった。1841 年病により永眠した。(稲富, 1974, p.299-306)

2. ヘルバルトの教育思想

ヘルバルトは『教育学講義綱要』(1835 年) において、教育学とは倫理学 (実践哲学) と心理学 (表象学) に基づくと主張した。そして諸科学が発展した時代において、教育学も同様に、科学であると説いた。人間の成長や発達において、教育を単なる方法として認識するのではなく、より知的に体系化された領域としての確立を目指した。そのため、教育を現実的な問題としてとらえ、観察と考察によるアプローチを試みた。彼の教育は、子どもに道徳的な能力を育て、子どもが正しく判断、行動できること、すなわち「道徳的品性の陶冶」を目的とした。したがって、子どもに「善」を示し、導くと同時に、道徳的能力を育て正しく判断し行動できるような実践を示した。ヘルバルトの功績としては、道徳的教育や事物の習得において教授過程を確立したことがあげられる。それは、①明瞭 (新しく学ぶ対象に没頭し、その性質を理解する)、②連合 (明瞭となった対象と類似した既知の対象とを相互的に結びつける)、③系統 (連合化された対象を系統的に整理する)、④方法 (系統を応用し、あらたな発見を試みる) の 4 段階で示した。ヘルバルトはこの段階に従って教育することで、知識や教養の定着が図られることを提案した (藤井, 2016, p.105)。

3. 教育に与えた影響：教授法の確立

ヘルバルトの教育学はペスタロッチのように民衆の胸を打ち、その影響が後世に語り継がれるようなものではなかったが、その学説はヘルバルト学派 (Herbartsschule) を生み出した。ツィラー[7]は、ヘルバルトの理論を学校教育に適用しやすいように改善した。彼は「明瞭」を二つに分け、「分析―統合―連合―系統―方法」の 5 段階教授法を提案した。さらに、ラインが発達させた「予備―提示―連結―総括―応用」の 5 段階教授法 (第 2、3 章) は、ドイツ、米国など各地で広まり、わが国では明治 20 年代に普及した。その特徴として、教材の選択と配列に関して文化史段階 (子どもの発達段階を文化的にとらえる) の適用、教科相互の関連における統合、教材構成に関する方法的単元 (5 段階をふむ教授法によって学習される教科の単位)、授業展開における 5 段階教授法があげられる (庄司, 2004, p.515)。

こうしたヘルバルトを起点とする教授法の展開は、カリキュラムや教育方法の本質的課題に対してアプローチしている。教育実践においては、多数の子どもに、同じ内容を、同時に、かつ効率よく効果的に教えるということが究極的な目的となる。19 世紀後半から 20 世紀初頭にかけ各国で教育制度の整備が進むなかで、いつでも、どこでも、どの教師でも一定の同じような成果を出すことのできる方法の展開として大きな役割を果たしているのである。5 段階教授法は教授段階の必要性や有効性を示し、さまざまな国の公教育に

取り入れられてきた。日本では実際の授業の構成や指導案などにおける「導入―展開―終結」という定式に反映されており、その影響をうかがい知ることができる（第9章）。

3. フレーベルの教育思想

1. フレーベルの生涯

　フレーベルは1782年、ドイツのチューリンゲン州のオーベルヴァイスバッハで、牧師の末子として6番目に生まれた。誕生9ヵ月にして母を亡くしたため、召使いや兄たちに養育されていた。そして4歳の時、父親が再婚し異母兄弟が生まれたため、10歳になると叔父に引き取られた。15歳には2年間林業見習いとして働き、測量、幾何を学びつつ、植物学に興味を抱いた。1805年、23歳で建築学を学ぶためフランクフルトを訪れた。そこでペスタロッチを信奉していた模範学校の校長、グルーナーと出会う。グルーナーはフレーベルの教職者としての才覚を見出し、教師になることを勧めた。この出会いをきっかけにフレーベルは教師としての道を歩み始めた。1805年、イヴェルドン学園に40日ほど滞在し、ペスタロッチの教育を見学した。さらに1808年には、彼は家庭教師先の3人の生徒たちとともにイヴェルドン学園で2年間学んだ。1816年、フレーベルは「普遍的ドイツ学園」（Die Allgemeine Deutsche Erziehungsanstalt）をグリースハイムに開設した。1826年『人間の教育』（Die Menschenerziehung）を公表した。1836年バート・ブランケンブルクにて、幼稚園の前身となる施設を開設し、1840年、世界初となる「普遍的ドイツ幼稚園」（Allgemeine Deutsche KinderGarten）を創設し、のちに「キンダーガルテン」（Kindergarten）と命名した。しかし、1851年政府から幼稚園禁止令が布告されたことから、病床に伏すこととなり、1年後の1852年70歳で没した（勝山, 2011, pp.79-80）。

2. フレーベルの教育思想

　フレーベルの教育理念は彼の児童観に現れる。彼は、子どもを大人として見るのではなく、子どものうちに善があり、それを育てていくものととらえる。したがって、大人が子どもと自身とを区別し、異質なものとしてとらえることを有害ととらえ、単に年齢的な区分によって幼児期、児童期をとらえるべきではないと主張した。そして子どもとは、年齢ではなく、子どもならではの精神と身体の要求を満たしてこそ、子ども時代を終えるという考えに至った。したがって、幼少期の思い出や経験を超えるものはないととらえ、人間の真の教育は幼児期でありきわめて重要であるとする。幼児教育を展開するなかで、主要な観点として感覚をあげる。なかでも、聴覚、視覚の2つが発達すれば、子どもは事物を言葉や記号と照らしあわせて認識できるようになるとする。またフレーベルは、「遊ぶこと・遊戯は子どもの発達の最高の段階」（Spielen, spiel ist die „höchste Stufe der Kindesentwickelung）と

し、「最も純粋な精神の所産」（das Pflege des Kindesspieles）としてとらえた。ゆえに遊びを主体とした幼児教育、保育を推奨するのであった（乙訓，2010，pp.139-140）。

「キンダーガルテン」においては3つの意義をもつ。1つ目は、就学年齢前の子どもを養護するだけでなく、子どもの身体を強化し、心情や感覚を鍛えることである。フレーベルは、子どもがただ幼稚園に預けられ、保育されればよいという消極的な意図をもっていたのではなく、学齢までの子どもの全面的な発達、すなわち身体的、知的、道徳的な全面的な発達を目指した幼児教育を意図していた。

2つ目は、子どもへの正しい教育のあり方を示し、熟練した保育者、判断力の優れた教育者を提供することである。幼稚園は幼児教育施設であるが、一方で「保母たちと教育者たちの育成のための施設」（Anstalt zur Bildung von Kinderflegerinnen und Erziehern）も併設され、保育者、教育者の養成も担っていた。

3つ目は、保育にふさわしい教育遊具・恩物（gabe）や遊戯の周知と普及を目的とすることがあげられる（図7-1）。

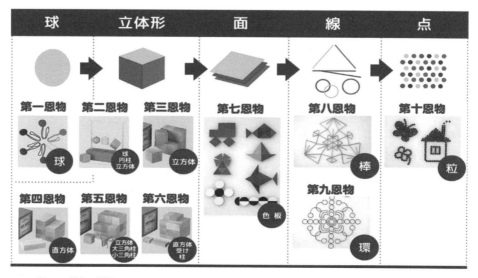

図7-1　恩物の種類（フレーベル館「つばめのおうち」https://www.froebel-tsubame.jp/html/page140.html）

フレーベルは子どもの遊びにおいて、「行うこと」（zu tun）、「感じること」（zu empfinden）、「考えること」（zu denken）に則った活動を提案した。その実践においては恩物が感覚や手の動きの対象としての役割を果たすのである（乙訓，2010，pp.142-145; 勝山，2011，pp.81-84）。このように、キンダーガルテンは単に子どもを預かるだけの施設ではなく、フレーベルの教育思想に基づき恩物を用いた保育を行っていた。

3. 教育に与えた影響：幼児教育、保育の確立

　幼児教育や保育の歴史において、フレーベルの功績はきわめて大きい。上述したようにキンダーガルテンは世界初の幼稚園とされ、わが国のみならず世界中に波及し一般化されている。一方で、19世紀においてキンダーガルテンのような幼児教育、保育施設はまったくないかというとそうではない。たとえばオウエンは1816年に「性格形成学院」を開設した。「性格形成学院」は、1歳から6歳までの子どもを対象に、みずからが経営する工場に勤務する親のための保育を行っており、いわば「企業主導型保育事業」を実践していた。これは、キンダーガルテンの開設よりも24年も前である。オウエンによる「性格形成学院」が、幼児教育、保育の創始であるという考察もあるなかで、キンダーガルテンが幼児教育、保育として与えた影響について検討する。

　まずキンダーガルテンは、ただ子どもを集め保育するという託児所ではなく、子どもの身体的、知的、道徳的な全面発達を目指し、社会、自然、宗教と関連する保育を目的とした（乙訓，2010，pp.95-96）。そのなかで「恩物」を用いた保育実践は、子どもの創造力、生活力を高め、効果的に「遊び」を主体とした保育活動を行うための効果的な方法として提案され、幼児教育、保育を追究した。こうした子どもを中心とした教育論や遊びを基本とした保育は、今日において当然のこととされるが、その当然を作り上げ、現代においても受け継がれている点にその功績を見出すことができる。

　また、キンダーガルテンは子どもの保育のみならず保育者養成も兼ねており、キンダーガルテンに従事した保育者が波及していった。その影響はわが国も同様で、1875年わが国初の幼稚園として東京女子師範学校（現、お茶の水女子大学）附属幼稚園が開園した。その際に、キンダーガルテンで保育者をしていたクララ・チーテルマン（Clara Louise Zitelmann, 1853-1941）を招聘し、キンダーガルテン同様に、恩物を用いた保育を直輸入し実践した。また東京女子師範学校附属幼稚園幹事を務めた倉橋惣三[8]（1882-1955）は、形式的な恩物中心の保育から、フレーベル自身の子どもに対する姿勢を再考し、子どもを教育に合わせるのではなく、子どもに合わせた教育を行うことを展開した【QR7-1】。このようなフレーベルのキンダーガルテンでの試みは、幼児教育、保育の礎を築くと同時に、全世界における保育のスタンダードを構築したといっても過言ではない。また倉橋をはじめとしたフレーベル研究者が、今日のわが国の幼児教育、保育の礎を築いたことにおいても、その影響を知ることができる。

（今井　康晴）

【引 用 文 献】

藤井千春編著（2016）. 時代背景から読み解く西洋教育思想　ミネルヴァ書房

浜田栄夫編著（2009）. ペスタロッチー・フレーベルと日本の近代教育　玉川大学出版

3. フレーベルの教育思想

【QR7-1】
倉橋惣三の功績

稲富栄次郎（1974）．西洋教育思想史　玉川大学出版部

勝山吉章編著（2011）．西洋の教育の歴史を知る―子どもと教師と学校をみつめて―　あいり出版

文部省（1946）．新教育指針　文部省

日本ペスタロッチー・フレーベル学会編著（2006）．ペスタロッチー・フレーベル事典（増補改訂版）　玉川大学出版

岡本富郎（2014）．保育の思想を学ぼう―今、子どもの幸せのために―ルソー、ペスタロッチー、オーエン、フレーベル達の跡を継いで―　萌文書林

乙訓稔（2010）．西洋近代幼児教育思想史―コメニウスからフレーベル―　東信堂

庄司他人男（2004）．ヘルバルト派の教授法　日本教育方法学会（編）現代教育方法事典　図書文化

鳥光美緒子（2004）．二〇世紀日本の教育界におけるペスタロッチ受容とペスタロッチ像の変遷　森田安一（編）　スイスと日本人――日本におけるスイス受容の諸相――　刀水書房

［用 語 解 説］

（1）封建制度的身分制度：中世社会では、神と宗教に身を捧げた聖職者と一般信徒に分類される。一般信徒のなかでも最上位の身分として騎士（領主、貴族）を筆頭に、農民、都市住民に区分される。

（2）プロテスタンティズム：ルターやカルバンの宗教改革に端を発し、免罪符など教会の腐敗に対して提案されたあらたな原理で、①人は、善行によってではなく、信仰のみによって神の前に義とされるという信仰義認の原理、②聖書のみが信仰の根拠であるとする聖書主義、③聖職者と一般信徒の区別を排し、神の前での平等を強調する万人祭司の原理があげられる。

（3）人間主義：宗教や権威からの束縛から人間性を解放する思想、主義。ヒューマニズム、人本主義、人道主義とも呼ばれる。

（4）科学的合理主義：非合理、非科学、偶発性を批判し、分析や推論などによって、理性的、論理的、必然的なものを尊重するあり方。

（5）啓蒙主義：理性によって偏見を取り払い、人間本来の理性の自立を促すという意味。無知蒙昧な状態を知識、教養という光で照らし、啓くことを指す。

（6）オウエン：1771年イギリスのニュータウンに生まれる。19歳の時に工場経営者となり、約500人の従業員を抱える大工場の支配人となった。オウエンは、当時の劣悪な労働環境に一石を投じるべく、労働環境の改善を訴え、実践し功績をあげた。「性格形成学院」では、福祉、社会改革を目的に貧困、犯罪のない理想的な社会を目指した。

（7）ツィラー：1817年ザクセン・マイニンゲンに生まれる。主著として1865年『教育的教授論の基礎』（Grundlegug zur Lehre vom erziehende Unterricht）、1876年『一般教育学講義』（Vorlesungen über allgemeine Pädagogik）、1881年『一般哲学的倫理学』などがあげられる。ツィラーの功績として、ヘルバルトの教授法を発展させただけでなく、時間的配列なども検討され、今日に至るカリキュラムマネジメントの礎となった。

（8）倉橋惣三：1882年、静岡県に生まれる。東京帝国大学卒業後、1910年東京女子師範学校講師となる。1917年から同校教授兼附属幼稚園主事となり、幼児教育、保育に貢献する。1948年日本保育学会初代会長を務めた。

新　教　育

1. 新教育の登場

　2017/18 年に改訂された学習指導要領[(1)]では、「主体的・対話的で深い学び」、つまりアクティブ・ラーニング[(2)]の視点からの授業改善が求められている【QR8-1】。このことは、従来のように教師が何を教えるのかだけでなく、子どもがどのように学ぶのかが示された点で、日本の学校教育における大きな転回だと言われている。だが実は、このような教育改革の試みは今に始まったことではない。その原型は、19 世紀にすでに見出される。

　当時は、諸国で近代的な学校教育制度の整備が進んでいた。それに伴い、教師たちが利用できる教育方法・技術の理論として、段階教授法を典型とするヘルバルト派教育学に対する需要が高まっていった（第 7 章）。しかし同時に、その弊害も指摘され始めていた。すなわち、教師から子どもへの形式的・画一的・一方的な働きかけが、子どもが本来もつ自発的な興味関心や学習意欲を押しつぶしているのではないか、というのだ。また他方で、この時代には近代化（都市化・産業化）がさまざまな問題を引き起こしており、その解決への人々の期待が、次世代の子どもたちに寄せられていた。

　こうした流れのなかで、ヘルバルト主義的な従来の教育を「旧教育」として批判し、新しい教育のあり方を求める理論や実践が、19 世紀末から 20 世紀初頭にかけて、欧米を中心に世界各地で登場する。この一連の教育改革の運動は、総称して「新教育」と呼ばれる。本章で扱うのは、この新教育である。

2. 新教育運動の展開

　新教育の理論・実践は、表 8-1 に示すように実に多岐にわたるものの、それらには「子ども（児童）中心主義」という共通の特徴が見られる。子ども中心主義とは、教師（大人）・教科書中心であった旧教育に対し、子どもの側から教育を構想しようとする立場を指す。つまり新教育は、ヘルバルト主義的な、教科書の知識を受動的に暗記させる形ではなく、フレーベル、ペスタロッチ、そしてルソーの思想にまで立ち返り、子どもの能動性・主体性・自発性を尊重して、子ども自身の生活経験や自由な興味関心から出発するのである。

　子ども中心主義的な教育改革は、当初各国でばらばらに試みられつつあった。それらが一つの大きな運動として注目されるきっかけとなったのは、スウェーデンの評論家エレ

【QR8-1】
新学習指導
要領

表 8-1　主な新教育の理論・実践（今井，2009；眞壁，2016；教育思想史学会，2017 をもとに作成）

国	人物	内容
イギリス	レディ	**アボツホルム校**を創設。新教育運動の起点とされる。豊かな自然に囲まれた寄宿学校にて、知識偏重でない全人格的な教育を行う。また、伝統的な中等教育（パブリックスクール）における古典語・スポーツ重視の傾向を批判し、現代語・自然科学を重視するカリキュラムを編成。新時代の指導者育成を目指した。
	ニイル	**サマーヒル学園**を創設。寄宿制。「世界で一番自由な学校」と称され、権威を徹底的に排除し、授業に出席するかも自由であり、学校生活の方針は、子ども・大人が等しく 1 票を有する全校自治会で決定する。オルタナティブスクール（第 5 章）の起源とされる。
ドイツ	ケルシェンシュタイナー	「**労作（作業）学校**」論を提唱。教科書中心の「書物学校」を批判し、実生活に結びついた労作（料理・建築など）を通じて知識を学ぶことで、精神的労作を活性化。また、労作共同体としての学校における共同作業のなかで道徳性を養い、ドイツを支える公民意識の形成を目指す。その学校構想はヨーロッパに広く影響を与えた。
	リーツ	**田園教育舎**を創設。アボツホルム校がモデル。田園地帯の寄宿学校にて、「教育舎」の名が表すような、都会で失われゆく家族的な生活共同体のなかで、ドイツを支える公民意識の形成を目指した。カリキュラムでは、古典語ではなく、現代語・自然科学・実科・スポーツのほか、芸術・労作を重視した。
	ペーターゼン	**イエナ・プラン**を考案。共同体学校の構想のもと、異学年混成の学級編成とし、また学校活動を教科別の時間割ではなく、遊戯・会話・授業＝労作（総合的な学習）・祭典の 4 領域から循環的に構成して、なかでも祭典を重視した。
	シュタイナー	**自由ヴァルドルフ学校**を創設。独自の人智学に基づき、芸術を全面的に取り入れる。8 年間同一担任制、同じ教科を数週間集中して学ぶ「エポック授業」、点数によらない評価などが特色。現在シュタイナー学校は世界中に広まり、日本にも数校存在する。
フランス	ドモラン	**ロッシュの学校**を創設。アボツホルム校がモデル。寄宿制を導入し、カリキュラムでは、古典語ではなく現代語・自然科学・スポーツを重視して、実科を新設した。
	フレネ	「**自由テキスト**」を実践。公立学校にて、教室に印刷機を導入し、子どもが自由に書いた作文を印刷して教科書代わりに用いた。
スウェーデン	ケイ	『**児童の世紀**』を著す。ルソーの消極教育論などに基づき、子どもの「自然」尊重の教育を論じる。本書は各国で翻訳され、子ども中心主義の象徴として新教育運動を導いた。なお教育論は女性論と関係しており、男女同権を批判、母性保護を主張して、自然な恋愛結婚による出産と家庭教育を通じ、人類と社会の改良・進歩を目指した。
イタリア	モンテッソーリ	「**子どもの家**」にて感覚教育を実践。国内初の女性医師として携わった障害児治療の科学的方法を健常児教育に適用。自由を基礎に置いて、子どもが自発的活動を通じて感覚をみずから訓練し、正常に発達させられる教具を開発。「正常化」により人類の再生と社会改良を目指した。その理論は、主に幼児教育に世界的影響を与えている。
ベルギー	ドクロリー	「**生活のための生活による学校**」を創設。医師として携わった障害児治療の方法（ドクロリー法）を健常児教育に適用。子どもの興味の中心を軸とする「観念連合の教育内容案」を、観察・連合・表現の 3 段階の活動により学習する。
アメリカ	パーカー	「進歩主義教育（アメリカの新教育）の父」とされる。
	ホール	「**児童研究運動**」を推進。ルソーにおける子どもの「自然」の科学的解明を目指し、質問紙法を用いた。進歩主義教育の基盤となり、また教育心理学の発展に貢献。
	デューイ	**シカゴ大附属実験学校**を創設。実生活で経験する「オキュペーション（仕事）」を通じた「なすことによって学ぶ」実践を行う。教育を「経験の再構成」と定義し、民主主義の実現を目指した。プラグマティズム[(3)]に基づくその教育思想は、進歩主義教育を指導し、日本にも現在まで影響を与えている。主著『学校と社会』『民主主義と教育』。
	キルパトリック	**プロジェクト・メソッド**を考案。デューイの問題解決学習に基づく。子どもの主体的活動によるプロジェクトを単元とする総合的な学習方法。目的・計画・実行・判断の 4 段階から成り、その簡明さから広く学校で採用された。
	パーカースト	**ドルトン・プラン**を考案。自由・協同を原理とする。子どもは 1 ヶ月の学習計画（「アサインメント」）をみずから立てて教師と契約し、午前は、計画に基づき教科別の「実験室」で個別に学習を進める。午後は、ダンス・工作・演劇・音楽などの集団活動を行う。また、組織運営・会議などを行う「ハウス」には、全学年の子どもが所属する。
	ウォッシュバーン	**ウィネトカ・プラン**を考案。個別に学習する「コモン・エッセンシャルズ」（3R's[(4)]など）と、「集団的・創造的活動」の 2 つを設ける。

Chapter 8　新　教　育

【QR8-2】
アボツホ
ルム校

ン・ケイ（Key, E., 1849-1926）の著書『児童の世紀』（1900年）である。世紀転換期に出版された本書のタイトルは、新しく始まる20世紀が子どものための世紀になることを宣言している。このなかでケイは、ルソーの消極教育論（第6章）に基づいて、子どもの「自然」（本性）に沿った成長を実現させるため、自然を抑圧するあらゆる教育に反対した。そして「教育の最大の秘訣は教育しないところ」にあるとさえ論じている（ケイ，1979, p. 142）。本書は各国で翻訳されて、「子どもから」思想の教育書として広く読まれ、「子どもから」が子ども中心主義を表す新教育運動のスローガンとなっていった。

　新教育運動の起点とされるのは、1889年にイギリスのセシル・レディ（Reddie, C., 1858-1932）が創設したアボツホルム校である【QR8-2】。都会から離れ、豊かな自然に囲まれたこの寄宿舎制の学校にて、教師と生徒は生活をともにする。そのなかでレディは、知識偏重ではない、身体・精神を含む全人格的な教育を行った。またカリキュラムでは、伝統的な中等教育の中心であった古典語の時間を削減し、現代語や自然科学を重視した。こうして、新しく迎えた帝国主義の時代を担う、指導的エリートの育成を目指したのだ。そしてアボツホルム校をモデルとし、ドイツではリーツが田園教育舎を、フランスではドモランがロッシュの学校【QR8-3】をそれぞれ創設した。

　ここから新教育運動は国際的に展開していく。たとえばイギリスではニイルが、「世界で一番自由な学校」と称されるサマーヒル学園を創設した【QR8-4】。また私立学校に限らず、フランスのフレネは、公立学校で「自由テキスト」の実践に取り組んだ。ドイツにおいて新教育は「改革教育運動」と呼ばれ、ケルシェンシュタイナーによる「労作学校」論や、シュタイナーが創設した自由ヴァルドルフ学校【QR8-5】がよく知られる。

　なかでも、イタリアのマリア・モンテッソーリ（Montessori, M., 1870-1952）の教育は世界的に広まる。イタリア初の女性医師として知的障害児の治療に携わったモンテッソーリは、その科学的方法を、のちに「子どもの家」にて任される健常児の教育に適用した。子どもの家とは、ローマのスラム街で、母親が日中働きに出ている幼児を預かる施設である。モンテッソーリは、正常な発達のために、大人による強制や働きかけではなく、子どもの自由に基礎を置かねばならないと考えた。そして、特に感覚教育を重視し、子どもが自発的な活動を通じて五感をみずから訓練（自己教育）できるように開発したさまざまな教具を用いた。教具の例は図8-1であり、「円柱差し」では、子どもが穴にちょうど合う円柱を入れようとするなかで、大きさの感覚が育まれるのだという。

　新教育運動は、以上のヨーロッパの例や、次節で詳しく取り上げるアメリカの「進歩主義教育」だけではない。日本においても、「大正新教育（大正自由教育）」と呼ばれる教育改革運動が盛り上がりを見せた（第9章）。

2. 新教育運動の展開

【QR8-3】
ロッシュ
の学校

【QR8-4】
サマーヒ
ル学園

【QR8-5】
シュタイ
ナー学校

秘密袋

はめ込み板

色板

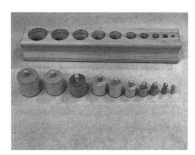
円柱差し

図 8-1　モンテッソーリの教具例 (ルーメル, 2006)

3. ジョン・デューイの教育思想

　アメリカにおいて新教育は「進歩主義教育」と呼ばれる。進歩主義教育とは、伝統的な教育に対する進歩的（革新的）な教育という意味合いである。その例として、個別的な教育方法であるドルトン・プランやウィネトカ・プランがあげられる。なかでも、進歩主義教育を理論的に指導し、今なお私たちの教育に影響を与え続けている教育哲学者が、ジョン・デューイ（Dewey, J., 1859-1952）である。本節では、デューイの教育思想を紹介し、それをふまえて日本の教育改革について考察する。

1. シカゴ大学附属「実験学校」での教育実践

　デューイが進歩主義教育の理論的指導者として知られるようになったきっかけは、自身がシカゴ大学教授時代の 1896 年に創設した、大学附属小学校の「実験学校」である。実験学校とは、みずからの教育理論を検証するための実験室という意味合いである。ここでの教育実践は、著書『学校と社会』（1899 年）に報告されている。

　本書でデューイは、旧教育について、子どもを「受動的」にし、「機械的に集団化」し、またカリキュラムと教育方法が「画一的」だと批判しつつ、次のように述べる。

> 旧教育は、〔……〕重力の中心が、教師・教科書、その他どこであろうとよいが、とにかく子ども自身の直接の本能と活動以外のところにある。それでゆくなら、子どもの生活はあまり問題にはならない。〔……〕いまやわれわれの教育に到来しつつある変革は、重力の中心の移動である。それはコペルニクスによって天体の中心が地球から太陽に移されたときと同様の変革であり革命である。このたびは子どもが太陽となり、その周囲を教育の諸々のいとなみが回転する。子どもが中心であり、この中心のまわりに諸々のいとなみが組織される。（デューイ，1957, pp. 49-50）

「教育におけるコペルニクス的転回[(5)]」として有名なこの一節は、子ども中心主義の宣言だと一般的に見なされている。

では、実験学校での実践を具体的に見ていく。その特色は、「オキュペーション」を中心とするカリキュラムにある。オキュペーションとは、調理・裁縫・織物・工作など、実際に社会生活のなかで経験する仕事を指す。ただし、ここから単に仕事の技術を身につけるわけではない。子どもは、たとえば織物のオキュペーションに協同して取り組むなかで、原料の生長条件（＝地理）、織機の仕組み（＝物理）、人類への影響（＝歴史）など、教科に相当する知識を総合的に学ぶのである。

諸教科の知識は、実生活ではこのように互いに切り離せない形で関連しあっている。しかし、従来の学校では教科ごとにばらばらに学ばれるため、学校で学ぶことと生活とが結びつかなかった。したがって、デューイによれば、教科書に記されたミシシッピ川と近所を流れるミシシッピ川が同じ川だとわかっていない、といった事態が生じてきたという。これに対しオキュペーションは、学校と社会生活を結びつけて、教科の学びを生きたものにしてくれるのだ。こうした活動を通じた学びを、デューイはのちに「なすことによって学ぶ（learning by doing）」と表現している。

なお、学校と社会を結びつけるといっても、デューイの教育は、将来社会に出るための準備というわけではない。むしろ学校自体を「小さなコミュニティ（共同体）」「胚芽的な社会」として組織しようとしたのだ。それは、次に見るように、学校をまさに民主主義が生起し、学ばれる場とするためであった。

2. 民主主義の教育哲学

デューイの教育哲学は、主著『民主主義と教育』（1916 年）に詳しい。本書では、デューイが実現を目指す民主主義について論じられている。一般的に民主主義というと、多数決による選挙制度などの政治形態を指すだろう。だがデューイは、民主主義を広く「生き方」だと解釈した。民主主義とは協同的な生き方である。すなわち、多様な人々がともに生き、そのなかで生じるさまざまな問題を解決しながら、それぞれが自分らしくいられ、自由に交流できるように、社会を絶えずよりよいものにしてゆくことなのだ。

3. ジョン・デューイの教育思想

こうした民主主義を可能にするのが教育である。というのも、デューイにとって教育の目的は、一人では生きられない人間という生き物が、他者との協同のなかで、よりよく成長してゆくことにあるからだ。一般的に教育というと、あらかじめ設定されたなんらかの目的に達することを想定するだろう。だがデューイによれば、教育は成長と一体であり、それ以外に目的をもたない。つまり、絶えず成長し続けること自体を目的とする。

その上でデューイは、教育を「経験の絶えざる再構成」だと定義している。先に見たように、デューイの教育は子どもの生活経験を中心とする。とはいえ、ただ経験するに任せるのではない。絶えざる成長という目的につながるよう、経験を構成し直してゆく必要があるのだ。

ここで重要となるのが「反省的思考（リフレクション(6)）」である。反省的思考とは、経験における能動と受動の関係を認識することである。経験は、私たちが何かを試みる面（能動）と、その結果を被る面（受動）の2要素から成る。この両者の連続性を、意識的・反省的に認識するのである。たとえば火傷をしたなら、それをただ経験して終わるのではなく、火に手を入れてみたことと、結果として苦痛を被ったことを、意識的に関連づける。その時はじめて、火傷は意味をもち、確実な知識となるという。そうして経験の再構成に活かすことができるわけだ。

デューイは、『思考の方法』（1910年／1933年改訂）にて、自身のプラグマティズム(3)哲学の観点から、この反省的思考の力を育成するための「問題解決学習」を提唱している。反省的思考は、考えることが求められる具体的な問題状況のなかで働き、その解決のために使用される（プラグマティズムとはこうした実用主義を意味する）。そこで、問題解決に至る思考の過程を、表8-2のような探究の5段階に分け、これを辿る協同的な学習方法へと発展させた。さらに、デューイに学んだキルパトリックが、この問題解決学習をもとに「プロジェクト・メソッド」を考案した。

表8-2　問題解決学習の5段階
（上野, 2022, p. 86）

① 問題への気づき
② 問題の設定
③ 問題を解決するための示唆・仮説
④ 推論による仮説の再構成
⑤ 実験と観察による検証・結論

3. 日本の教育改革とデューイ

日本の教育改革は、生活科、総合的な学習、そして主体的・対話的で深い学びなど、デューイの教育思想に由来するものが多い。ここでは、デューイ思想に照らして日本の教育改革を考察する。

終戦直後の日本では、アメリカ主導のもとで民主主義的な教育改革が行われた。この時、デューイの進歩主義教育に基づいて、子どもの生活経験を中心とする経験主義カリキュラムが導入された。この動向は「戦後新教育」と呼ばれる。だが当のアメリカでは、1957年のスプートニク・ショック(7)をきっかけに科学教育の遅れが指摘され、学力低下の原因として、当時主流であった進歩主義教育に批判が集まった。このことと軌を一にし

て、日本でも「はいまわる経験主義[8]」批判が起こり、教科の系統を中心とする系統主義カリキュラムに転換した（第13章）。しかし今度は、教科内容の増加・難化に伴う詰め込み教育が批判され、のちにゆとり教育に転換するも、再び学力低下が批判され……というように、教育の議論は、学力かゆとりか、系統主義か経験主義か、教科中心か子ども中心か、すなわち旧教育的か新教育的かのあいだで、振り子のように揺れ動いてきたと言われる。

　この振り子の比喩で考えるなら、先に述べたデューイ由来の教育改革は、教師・教科中心と反対側にある子ども中心の教育だと位置づけられるかもしれない。しかしデューイによれば、そうした二項対立のもとで子ども中心主義をとらえることには問題がある。

　デューイは、後年の著作『経験と教育』（1938年）にて、旧教育と対立させる新教育のとらえ方を批判している。なぜなら、当時普及していた進歩主義教育が、旧教育の中心であった教師や教科書を拒絶するあまり、「子ども中心」の名のもとに、子どもをただ好きに経験させるがまま放任する傾向にあったからだ。

　デューイの進歩主義教育は、たしかに子どもの経験を中心とする。とはいえ、先に見たように、教科の知識を決して軽視するものではなく、それゆえ本からの学びも否定しない。また、経験が成長につながるよう、教師による周到な計画・支援・統御を必要とする。この意味でデューイは自身の立場を、子ども中心主義というよりは、子どもと教師・教科との相互作用を強調するものと考えていた。

　かくしてデューイに従えば、現在の主体的・対話的で深い学びでは、子ども中心でありながらも、子どもか教師・教科かの二項対立を超える教育が求められていると言える。さらにそれは、単に新しい教育方法であるにとどまらず、民主主義を実現すべきものなのである。

4. 新教育の限界

　新教育運動のなかで生まれた「子ども中心主義」は現在まで生き続けている。その言葉は使われなくとも、教育を子ども中心に考えることは、私たちが教育を論じる際の前提になっているだろう。しかしだからこそ、その限界についても自覚しておくことが重要である。そこで本節では最後に、ここまでとは視点を変え、新教育の限界に言及しておきたい。限界とは、子ども中心の教育であっても、それを大人が子どもに対して行う以上は、どうしても大人の考える、大人の都合に沿った教育にならざるをえない、というものだ。

　実際に新教育には、子ども側に寄り添うことで、むしろ大人の意図する教育に子どもを取り込みやすくする側面があった。子どもを従わせるのではなく、子どもが自発的に従ってくれるようにしたのである。この側面はたとえば、ドイツにみずから奉仕する国民の形成を目指したケルシェンシュタイナーやリーツの教育に、顕著に現れている。

　ところで新教育運動には、本章で主に見てきた学校教育改革に加え、実証科学との結び

つきというもう一つの動向があった。実証科学は、尊重すべきあるがままの子ども——ルソーの言う子どもの自然——を、実験・観察・データなどに基づき、客観的な事実として解明することを目指したこの動向は、アメリカの心理学者ホールによる「児童研究運動」に代表され、のちの教育心理学や発達心理学につながる。だが、こうした客観的な、つまり大人の都合が入り込まないはずの科学的研究にすら、同様の限界が見られる。

　特に、そのなかで開発された知能検査[9]である。知能検査は、子どもの能力・素質を測定して、それに応じた教育を提供することを可能にした。当時このことは、メリトクラシー（第1章）を原理として、身分・貧富の差によらず、個人の能力次第で多様な教育機会を保障する点で、子ども中心的であると見なされた。だが見方を変えれば、これは大人が定める優劣の基準に沿って子どもを配分しているとも言える（またこの背景には優生学[10]があった）。そもそも、子どもを科学的に解明しようと考え、また解明された事実を尊重すべき自然だと見なしているのは、大人にほかならない。

　では、こうした限界を乗り越えて、大人の都合に沿うのではない、純粋に子どものための教育はありうるのだろうか。教育という営み自体がはらむこの原理的な難問は、すでにルソーの『エミール』における次の一節で予見されていた。

> 　見かけはあくまで自由に見える隷属状態ほど完全な隷属状態はない。こうすれば意志そのものさえとりこにすることができる。〔……〕仕事も遊びも楽しみも苦しみも、すべてあなたの手に握られながら、かれはそれに気がつかないでいるのではないか。もちろん、かれは自分が望むことしかしないだろう。しかし、あなたがさせたいと思っていることしか望まないだろう。（ルソー，1962, p. 248）

（曽我部　和馬）

【引用文献】

中央教育審議会（2012）. 新たな未来を築くための大学教育の質的転換に向けて～生涯学び続け、主体的に考える力を育成する大学へ～（答申）
　https://www.mext.go.jp/b_menu/shingi/chukyo/chukyo0/toushin/1325047.htm
デューイ　宮原誠一（訳）（1957）. 学校と社会　岩波書店
デューイ　松野安男（訳）（1975）. 民主主義と教育（上・下）　岩波書店
デューイ，J. 市村尚久（訳）（2004）. 経験と教育　講談社
今井康雄（編）（2009）. 教育思想史　有斐閣
ケイ，E. 小野寺信・小野寺百合子（訳）（1979）. 児童の世紀　冨山房
教育思想史学会（編）（2017）. 教育思想事典（増補改訂版）　勁草書房
ルーメル，K.（監修）（2006）. モンテッソーリ教育用語事典　学苑社
眞壁宏幹（編）（2016）. 西洋教育思想史　慶應義塾大学出版会
モンテッソーリ　阿部真美子・白川蓉子（訳）（1974）. モンテッソーリ・メソッド　明治図書

ルソー　今野一雄（訳）（1962）．エミール（上）　岩波書店
上野正道（2022）．ジョン・デューイ：民主主義と教育の哲学　岩波書店

用 語 解 説

(1) **学習指導要領**：文部科学省が定める、小・中・高等学校等のカリキュラム（教育課程）の基準。法的拘束力があり、これに基づき教科書や時間割が作られる。約10年ごとに改訂される。

(2) **アクティブ・ラーニング**：1990年代初頭にアメリカで広まり、2012年に日本の教育施策に導入される。そこでは「教員による一方向的な講義形式の教育とは異なり、学修者の能動的な学修への参加を取り入れた教授・学習法の総称」と定義され、具体例として「発見学習、問題解決学習、体験学習、調査学習」や「グループ・ディスカッション、ディベート、グループ・ワーク」などがあげられた（中央教育審議会，2012，p. 37）。最新の学習指導要領では「主体的・対話的で深い学び」と表現されている。

(3) **プラグマティズム**：19世紀後半にアメリカで生まれた哲学。「プラグマ」はギリシア語で行為・実践を意味する。観念・思考の意味や真偽を行為から切り離すのではなく、行為の結果との関連からとらえる立場で、「実用主義」とも訳される。代表者はパース、ジェイムズ、デューイ。

(4) **3R's（スリーアールズ）**：教育における基礎的技能である読み（reading）・書き（writing）・計算（arithmeticまたはreckoning）の総称。すべてrの文字を含むことから「3つのR」を意味する。なお「's」は、アルファベット1文字の複数形（Rの複数形はRsではなくR'sとなる）。

(5) **コペルニクス的転回**：物事の認識が180度変わってしまうこと。1543年に天文学者コペルニクスが従来の天動説に対し地動説を唱えたことになぞらえて、18世紀ドイツの哲学者カントがこの言葉を用いた。

(6) **リフレクション（reflection）**：デューイの用語としては「反省」と訳されるが、ここで反省とは自分の過ちを認めることではなく、自分の行為をふり返ってよく考えること、すなわち省察を意味する。哲学者ショーンがデューイをもとに「省察的（反省的）実践家」という専門家像を提唱した際に、「省察」がreflectionの訳語として定着した。

(7) **スプートニク・ショック**：ソ連（現ロシア）が世界初の人工衛星「スプートニク1号」の打ち上げに成功したことで、先を越されたアメリカなど西側諸国が覚えた危機感・衝撃。背景には当時の東西冷戦がある。

(8) **はいまわる経験主義**：経験主義の教育において、生活経験や活動自体が目的化してしまい、そこから学ぶべき教科の知識が軽視されることを批判した言葉。子どもがただ経験・活動をしているだけの様子を「はいまわる」と表現した。

(9) **知能検査（知能テスト）**：知能を科学的・客観的に測定するための検査。1905年にフランスの心理学者ビネーが、知的障害児に適切な教育を保障するという政府の目的に応える形で最初に開発した。その後各国で改訂され、なかでもアメリカの心理学者ターマンがIQ（知能指数）を指標として採用した改訂版は、軍事・産業・教育界などで広く利用されて、心理学の実用性が知られることとなった。

(10) **優生学**：優良な遺伝子を残して人類を進歩させることを目的とする学問。1883年に遺伝学者ゴールドンが提唱。20世紀前半には世界的に広まるが、戦後には、劣等とされる遺伝子をもつ人々の差別につながることが批判されていった。遺伝子解析が進む現在、再び問題となっている。なおケイやモンテッソーリには、優生学からの影響が指摘されている（表8-1）。

日本の教育思想

　私たちの「教育」のイメージは、西洋の教育思想に基づく部分が大きい。日本の教育思想を学ぶには、西洋の教育思想との関係を考える必要がある。西洋の教育思想が到来する以前、中世や近世の日本にも、「教育」に似た思想があった（本章第1節）。西洋の教育思想が到来してからは、翻訳と実践を通して日本の教育思想が生まれてきた（本章第2節、第3節）。

1. 近代以前の稽古・学びの思想

1. 稽古の思想：世阿弥

　世阿弥（1363/64-1443?）は、父の観阿弥とともに、能楽を芸術として大成した能役者・作者である。『風姿花伝』（世阿弥 竹本訳, 2009）をはじめとする能楽論も多く残し、「稽古」の思想を表現している。

　世阿弥は、能の舞台が成功して、「面白い」、「めずらしい」という感興が生じることを「花」と呼んだ。子どもの役者がかわいらしい姿と声で演じるところにも、「花」がある。だが、その「花」は長続きしない。思春期に入って背丈が伸び、変声期を迎えると、子どもの頃のような姿と声の「花」は失われる。このように、時期が過ぎれば失われてしまう「時分の花」に対し、いつまでも散らずに残る「花」が「まことの花」である。その「まことの花」を咲かせるための「種」が「稽古」であると世阿弥はいう。

　一方で、世阿弥は、単に稽古を積んだからといって、すべての公演で「花」が得られるとはかぎらないことを知っていた。舞台の順番や時間帯、観衆の好み、競争相手の演目などによって、立てるべき戦略は異なる。だから、その舞台ではどの手立てを使うことが一番効果的であるかを瞬時に判断する必要がある。しかも、その努力を観衆に気づかれてはならない。「めずらしい」という感興が生じるのは、観衆がめずらしさを予期していない時だからである。世阿弥が「秘すれば花なり」（「第七 別紙口伝」）といったのは、稽古の努力を観衆には秘密にすることによって、その成果を開花させるための戦略だった。

　世阿弥の思想は、能役者を志す男性のみを対象とする点で、万人を対象とする「教育」思想とは異なるが、広い意味での「人間形成[(1)]」の思想とみることができる。

2. 学びの思想：貝原益軒

　江戸時代に入ると、幕府の学問として儒学が奨励されるようになった。儒学は、古代中国の孔子（B.C. 551-B.C. 479）に関する書物の読解を中心とした政治・道徳の学問である。なかでも、江戸期の日本を含む東アジアでは朱子学[2]が主流となった。朱子学は、中国古来の「気」の思想に「理」の哲学を加えることにより、人間を含めた天地万物のありようを説明する学問である。すなわち、「気」が天地万物を行きめぐることにより、季節や生死といった変化が生じるが、その変化には秩序がある。朱子学はその秩序を「理」と呼び、万物についてこの「理」を究明することを目的とした。それが自然の「理」であれば、現在でいう物理学や生物学に近づき、人の心の「理」であれば、道徳や倫理学に近づくことになる。

　こうした朱子学の思想を背景として、庶民の学びを可能にした儒学者が、貝原益軒（1630-1714）【QR9-1】である。益軒は、江戸前期、福岡藩士の末子として生まれる。当時の教養だった漢文の素読を習い始めるのは遅れたが、自力で仮名の読み方を覚えて書物を読んでいたという。14歳の時に兄から素読を習い始め、江戸、長崎、京都で学び、福岡藩に出仕した。84年の生涯のうちに200巻を超える著作を残し、そのジャンルは、儒学、歴史、地理、本草学、教訓、字書・事典など多岐にわたった（辻本, 1999, pp. 88-97）。

　『和俗童子訓』（貝原 石川校訂, 1961）は、益軒が81歳の時に書いた教育書である。当時の知識人は漢文で書くのが常識であったが、益軒は仮名で書くことにより、身近に師匠がいない子どもの学びに役立つことを願った。その願い通り、『和俗童子訓』は、当時普及したばかりの印刷術を活用して庶民のあいだに広まり、子どもの自学を可能にした。

　江戸時代には士農工商の身分が制度化されていた。そのなかで、益軒は、どの身分の男女も学習すべきこととして、礼儀・作法と聖教と仁義の道理（道徳）、ものかき（習字）、算数をあげる。年齢別にいえば、6歳で仮名、7歳で男女の別席、8歳で礼儀と習字を教え始める。10歳から男性は師匠について漢文の教えを受け、武士であれば武芸も習い始めるが（『巻之三』）、女性は家で裁縫などを学ぶ（『巻之四』）。益軒は、特に読書（漢文素読）と手習い（習字）の学習について、心構えから教材の順序、細かな姿勢に至るまで、詳しく解説する。

　益軒の思想は、オリジナリティがあるというよりは、儒学を土台とする学問の道を広く庶民に開いたところに意義がある。それは、全国統一カリキュラムに基づく「学校教育」が導入される以前に、身分制度の枠内で庶民がみずから学ぶことを可能にした。教える側よりも学ぶ側の目線に合わせた「学び」の思想といえる。

【QR9-1】
貝原益軒アーカイブ（中村学園大学）

2. 近代日本の教育思想・教育実践

1. 日本の学校教育の始まり：福澤諭吉

　幕末から明治にかけて、西洋近代の教育思想が日本に到来する。それは、日本が西洋の帝国主義に直面するという政治的危機と並行していた。当時の日本への「教育」の導入に大きな影響を与えた思想家として、福澤諭吉（1834-1901）【QR9-2】があげられる。

　福澤は、中津藩（現在の大分県）の下級武士の次男として大阪に生まれたが、幼くして父を亡くし、中津に戻って育てられた。ペリー来航を機に長崎で蘭学を学び始め、次いで大阪の医師・緒方洪庵（1810-1863）の塾で学ぶ。その後、藩の命令により江戸へ出て蘭学塾を開くが、翌年、横浜を訪れたことを機に英語を学び始め、以降の８年間に米国へ２度、ヨーロッパへ１度渡航する。明治の始まりを目前に控え、塾の名前を慶應義塾と改める（現在の慶應義塾大学）。以降、旧幕府にも新政府にも出仕せず、著述によって生計を立てた。

　福澤の著作『学問のすゝめ』（福澤 小室・西川編, 2009）にみられる教育思想の特色は、「独立」のための学問である。福澤が勧める学問は、読書を中心とする漢学や和学ではなく、日々用いることができる実学だ。たとえば、いわゆる「読み書きそろばん」に加えて、地理学、究理学（物理学）、歴史、経済学、修身学[3]である。これらの学問をすべての人が身につけることによって、まずは個人が衣食住を得て独立する。それによって家が独立し、さらに国家が独立すると、福澤は考えた（「初編」）。

　福澤の主張の背景には、当時の日本人が「文明の形」を追うばかりで「文明の精神」を身につけようとしないことへの危機感がある。当時の日本は、学校や工業、陸海軍といった「文明の形」を整えつつある一方、対人関係では身分の上下にとらわれ、洋学者でさえも政府頼みの出世ばかりを考えて、「独立の気力」に乏しい。だが、この「独立の気力」こそが「文明の精神」なのであり、外国に対して日本の独立を主張するために不可欠なものである（「五編」）。それがなければ、インドのように哲学があり、トルコのように武勇を誇る国であっても、西洋諸国の植民地や貿易拠点になってしまう（「十二編」）。

　その主張の通り、福澤は、明治政府から距離を置いて独立の道を歩んだが、官僚との交流や慶應義塾の経営を通して、日本の教育動向に大きな影響を与えた。たとえば、1872年の学制布告書[4]（第12章」）は、『学問のすゝめ』第一編と同じく立身のための学問を勧めている【QR9-3】。また、慶應義塾では、福澤が海外から持ち帰った洋書を翻訳して教科書としたが、これらの翻訳書を再び用いて、卒業生が各地の学校で教えたという（福沢 富田校訂, 2008, p. 236）。

2. 日本の女子高等教育の始まり：津田梅子

　学制布告書は、男女にかかわりなく初等教育を受けさせることを理念としたが、実際に

【QR9-2】
福澤諭吉（慶應義塾大学）

【QR9-3】
学制布告書と『学問のすゝめ』

は女性の就学率が低い状況が続いた。その頃、時代に先駆けて米国に留学し、帰国後は日本の女子高等教育のために尽力した女性が、津田梅子（1864-1929）【QR9-4】である。

　津田は、東京の士族の娘として生まれる。6歳の時、岩倉使節団とともに米国へ派遣される。10年の留学を終えて帰国後、伊藤博文（1841-1909）家の家庭教師などを経て、華族女学校の英語教員となる。20代半ばで再び渡米し、ブリンマー大学で生物学、オズヴィゴー師範学校[5]でペスタロッチ主義教育学（第7章第1節）を学ぶ。再び華族女学校および女子高等師範学校で教えた後、40代半ばで女子英学塾（現在の津田塾大学）を設立する。

　津田は、1度目の留学を終えて帰国した時、日本の男女間の格差に衝撃を受けた。女性には職業も収入もなく、自分の名義で財産をもつこともできない。女性は父や夫や男兄弟の管理下に置かれ、自立の気力をもたない（津田 津田塾大学編，1984，p.23）。津田が米国で学んだことを、日本の女性と分かちあうことは困難だった。この経験から、津田は、女性の高等教育の必要性を主張するようになる。

　津田の考えでは、女性を男性より低く見なす考えは、儒教や仏教を通して日本に入ってきた。明治維新によって儒教や仏教の力が弱まっていた当時、津出は、女性の地位を回復する教えをキリスト教に期待した。津田は1度目の留学中にキリスト教を信仰するようになり、2度目の留学中には、教会の友人の協力を得て「日本婦人米国奨学金」を設立し、日本人女性の米国留学を奨励した。そうした留学生が帰国して女子教育に携わることにより、より多くの女性が「新しい教育」を受けることができると考えたからである（津田 津田塾大学編，1984，pp.19-26）。

　日清戦争後、女性の就学率が向上するなかで、津田は女子英学塾の設立に踏み切った。これは日本初の女性のための高等教育機関の1つであり、英語を中心とした専門教育を行った。学生には勉学だけでなく、みずから先導して考え、行動することを求め、当時は珍しかったスポーツや演劇を通した学生間交流も勧めた。当時、英語科教員になるための検定試験[6]は難関だったが、創立5年後には女子英学塾の卒業生に無試験で英語科教員免許を与えることが認められた（津田 津田塾大学編，1984，pp.95-98）。

3. ヘルバルト主義の教育学

　明治10年代までの日本では、英米系の教育思想と米国経由のペスタロッチ主義教育学が主流となったが、いずれも翻訳を通して実用的な面が取り入れられるにとどまっていた。これに対し、学問・科学としての教育学の導入は、明治20年代のヘルバルト主義教育学（第7章）の流行に始まる。

　ハウスクネヒト（Hausknecht, E. P. K. H., 1853-1927）は、帝国大学（現在の東京大学）のドイツ人お雇い教師として、日本の大学ではじめて教員養成のために設けられた学科で教育学を講義した。彼は、当時のドイツで流行していたヘルバルト主義教育学に基づいて、中等教育のカリキュラムや教授法について提言を行った。提言の多くは当時の日本では採用さ

【QR9-4】
津田梅子について（津田塾大学）

れなかったが、その根拠であったヘルバルト主義の教育学は、帝国大学で教えを受けた弟子たちによって継承され、儒教倫理や教育勅語（第12章）の解釈と結びつけられて普及した（寺崎・竹中・樽松, 1991）。

　他方、19〜20世紀転換期のドイツでは、ヘルバルト主義教育学に対して批判的な動向が台頭し始める。たとえば、新カント学派の哲学者・教育学者のナトルプ（Natorp, P. G., 1854-1924）は、ヘルバルト主義教育学は個人の教育学にすぎないとして批判し、「社会的教育学」を提唱した（Natorp, 1899）。こうした批判は同時期の日本にも紹介され、日清戦争後の国家意識の高まりと重なって、ヘルバルト主義教育学の流行を退潮させることになった。だが、ヘルバルト主義教育学のなかでも、教育方法としての5段階教授法（第2、3、7章）は、教育目的から切り離されて普及し続け、形骸化が批判されるようになった。そのようななかで生じてきた日本の新教育（第8章）が、「大正新教育」である。

4. 新カント学派・京都学派の教育学：篠原助市

　篠原助市（しのはらすけいち）（1876-1957）は、新カント学派・京都学派の視点から、学問としての教育学を構想した教育学者である。篠原は、愛媛県の農家の養子として育つ。貧しさのために中等教育への進学ができなかったが、私塾と独学を経て、学費のかからない師範学校を出て、小学校の教員となる。さらに東京高等師範学校で学び、福井師範学校で教えた後、京都帝国大学に入学する。

　篠原が学んだ頃の京都帝国大学では、哲学者・西田幾多郎（にしだきたろう）（1870-1945）や朝永三十郎（ともながさんじゅうろう）（1871-1951）が、新カント学派の哲学に取り組みつつ、のちに「京都学派」と呼ばれるような哲学者ネットワークをつくっていた。新カント学派は、19世紀後半のドイツに起こった哲学の一派である。カント（Kant, I., 1724-1804）の哲学を再解釈することにより、自然科学に対する哲学の意義を主張した。こうした京都学派による新カント学派研究の影響を受けて、篠原は、教育学の哲学的な基礎づけに取り組んだ。

　篠原によれば、教育学の特色は「自然の理性化」（篠原, 1930, p.51）という現象を扱うところにある。それは、心理学のように今ある姿（自然）を対象とするのではなく、倫理学のようにあるべき姿（理性）を対象とするのでもなく、今ある姿があるべき姿になっていく作用に関わっている。その変化は一方向的ではなく、今ある姿とあるべき姿のあいだを行き来しながら、無限に発展していく。

　このような「自然の理性化」という発想はカント哲学に由来するが、篠原は、これを京都学派由来の「自覚」の概念によって基礎づける。「自覚」とは、自分を反省して自分だとわかることである。反省すると、自分に見られている自分と、自分を見ている自分が分かれる。たとえば、「自分は悪いことをした」と反省する時、悪いことをしたのは自分に見られている自分だが、それを見ている自分はそこから一歩離れている。そこで、見られている自分（自然）を否定して、見ている自分（理性）になっていくことが「自然の理性

化」である。そのきっかけは、見ている自分としてすでに自分の内にあるから、教育とはその「目覚め」を「助成」することである（篠原, 1930, p. 369）。

　京都帝国大学卒業後の篠原は、母校の東京高等師範学校で教えた後、留学を経て東北帝国大学教授となり、次いで東京文理科大学教授となった。このあいだに、大正新教育の実践家として知られる手塚岸衛（1880-1936）の「自由教育」を後援したほか、文部省教育調査部長を兼任し、戦中の「国民学校」の創設に関わった（篠原, 1956, p. 375）。戦中の篠原は、「自然の理性化」を「個人の歴史化」と具体化したことにより、国家主義へと傾いたとして批判されることがある（矢野, 2021, pp. 297-299）。しかし、篠原は戦後も考えを撤回することはなく、戦後教育改革に批判的な立場をとった。

5. 大正新教育から戦後まで：小原國芳

　小原國芳（1887-1977）【QR9-5】は、鹿児島の士族の家に生まれる。小学生の時に父母を相次いで亡くし、兄と親戚によって育てられる。篠原と同様、貧しさのために中等教育へ進学できなかったが、学費のかからない電信学校を出て、日露戦争の前後を電信局員として過ごす。5年間働いた後、広島高等師範学校などで学んで教員となり、香川師範学校で教える。さらに京都帝国大学で学んだ後、広島高等師範学校附属小学校主事として教育改革を行う。

　小原が大正新教育の実践家として本格的に知られるようになるのは、私立の成城小学校主事に着任してからだ。校長の沢柳政太郎（1865-1927）の信任を得て、小原は、学年と時間割を撤廃した自由教育を推進した。さらに、成城第二中学校・高等学校の創設を主導し、敷地の郊外移転の際にはみずから土地を探して都市設計を行った。しかし、成城の教育が結果的には大学受験勉強に特化していったことを後悔し、みずから玉川学園を創設する。土地の開拓から始まった玉川学園は、戦後には幼稚部から大学院まで備えた総合学園として実を結んだ。

　小原は「全人教育」を掲げた。それは、いずれの主義にも偏らず、とりわけ受験勉強の犠牲とならない教育を表している。玉川学園の創設にあたり、小原は「塾生活」と「労作教育」を重んじた。「塾生活」は、中等部以上の生徒が数人ずつに分かれて学園内の教員の家や寮に住み込み、ともに生活することである。「労作教育」はドイツ語のArbeitsschule（直訳すれば「労働・作業学校」）の訳であるが、小原は労働の「労」に創作の「作」を組み合わせた訳であると説明している（小原, 1963, p. 221）。生徒は午前中に自分で選んだ教科を学習し、午後は出版・農林畜産・購買・工芸・機械・土木などの労作に取り組んだ。

【QR9-5】
小原國芳（玉川学園）

3. 戦後日本の教育思想

1. 日本の戦後教育学：堀尾輝久

　太平洋戦争の敗戦とGHQによる占領を節目として、日本の教育政策は、教育勅語から日本国憲法・教育基本法体制（第12章）へと転換した。デューイ（Dewey, J., 1859-1952）をはじめとする米国の教育思想（第8章）と並んで、戦前は弾圧されていたマルクス主義の教育思想が注目されるようになる。さらに、資本主義 対 社会主義という冷戦対立が世界的に広がるなか、日本の教育にも、文部省（保守）対 日教組[7]（革新）という対立構造が生まれた。この後者（日教組）を理論的に支えた日本の教育学を、戦後教育学と呼ぶ。

　堀尾輝久（1933-現在）は、戦後教育学の代表的な論者の一人である。堀尾の考える教育は、「子どもの権利」の保障である。堀尾の『現代教育の思想と構造』（堀尾, 1971）によれば、西洋近代教育の理念では、公教育は「子どもの権利」、つまり「学習権」を保障するために、親が子に対する義務を負うことによって組織される。しかし、帝国主義以降の近代国家は、子が教育を受け、親が子に教育を受けさせることを、国民の国家社会に対する義務と見なしてきた。これを改め、「子どもの権利」を保障する公教育へと転換すべきだと堀尾は考えた（堀尾, 1971, p. 146）。

　堀尾は、教育に対する国家の介入を減らすことを提案する。まず、個人の思想・良心や価値観に関わる道徳教育は、家庭教育に任せるべきである。公教育は、各家庭では教えることが難しい科学的・客観的知識を教えるために、親が子の教育義務を教師に委託することによって成立する（「私事の組織化」）。よって、公教育のなかで、「子どもの権利」としての「学習権」を保障する義務を負うのは教師であって、国家ではない。国家の介入は、教員免許の発行などの形式的な条件整備にとどめるべきであり、教育の具体的な内容は、科学的真理と子どもの発達に基づいて、教師が選ぶべきであると堀尾は考えた（堀尾, 1971, pp. 200-201）。

　堀尾の教育学は、国家から教育への介入に反対する訴訟に理論的支えを与えた。たとえば、家永教科書裁判[8]【QR9-6】では、堀尾が証言した第二次訴訟第一審で、国による教科書検定を違憲とする判決が下された（杉本判決）。その一方で、1970年代から、校内暴力、いじめ、不登校などの「新しい教育問題」（第13章）が現れ、「学習権」だけでは「子どもの権利」の保障が不十分であることを示した。1980年代の臨教審[9]の答申【QR9-7】は、国がむしろ教育の「私事化」を積極的に勧める内容だったが、その結果、自由競争による教育格差の拡大という問題が生じた。理論的にも、堀尾が依拠した近代教育思想そのものの問題点が研究されるようになり（今井, 2004, pp.67-70）、戦後教育学の足場は掘り崩されつつある。

Chapter 9　日本の教育思想

【QR9-6】
教科書制度と家
永教科書裁判
（文部科学省）

【QR9-7】
臨教審最終答
申の抜粋

2. 日本の教育人間学：矢野智司

　戦後教育学が政治対立に積極的に参与したのに対し、教育人間学は、そこから距離をとることにより、戦後教育学が取りこぼしてきた教育の一面に光を当ててきた。その代表的な論者の一人が矢野智司（1954-現在）である。

　『贈与と交換の教育学』（矢野, 2008）によれば、戦後教育学は「発達」の教育学である。それは、戦前の神話的な教育・教育学への反省から出発し、科学的に観察・測定・評価可能な「発達」のみを主題とした。それによって、遊び・芸術・宗教などの体験は、「発達」上の価値を説明できないとして教育学から排除された。さらに、都市開発や経済発展に伴う生活の変化によって、これらの体験は地域社会からも失われていった。その結果、学校の成績や友だち相互間の価値づけが唯一のものとなり、たとえば学校でいじめにあった子どもが自分の価値を感じられずに自殺したり、若者が学校では得られない宗教体験を求めてカルト教団に走ったりするようになった。

　このように、戦後教育（学）では排除されてきた、遊び・芸術・宗教などの体験を、矢野は「生成」と呼ぶ。それは客観的に「発達」上の価値を説明することができない代わりに、その体験をした本人にとって、「発達」とは異なる意味で自分自身の価値を感じさせる体験である。だが、「この体験には価値がある」と語った瞬間に、それは「発達」上の価値の説明になってしまう。なぜなら、「生成」の体験は保存することができず、くり返し体験されるしかないからだ。読み終わったばかりの絵本を前に、子どもが「もう一回！」と叫ぶ時、そこには「生成」の体験が生起している。

　矢野によれば、教育と教育学は、「発達」と「生成」の両面がそろうことによってはじめて成立する。「発達」は「生成」を排除する点に限界があり、「生成」は「発達」に対して暴力となることがある（たとえば、幼児の泥んこ遊びの光景に大人が悲鳴をあげることがある）。これらの関係を両面から考えるためには、「教育にとって遊びとは何か」と問うだけでなく、「遊びにとって教育とは何か」と問うことにより、「生成」から「発達」を問い直す視点が必要だ（矢野, 2008, p.218）。それによって、「発達」の教育学が排除してきた教育の領域が視野に入るからである。矢野の「生成と発達の教育人間学」は、戦後教育学を超えて続く日本の教育学の一展開である。

（髙谷　掌子）

【引用文献】

福沢諭吉　富田正文（校訂）（2008）. 新訂　福翁自伝（第58刷改版）　岩波書店
福澤諭吉　小室正紀・西川俊作（編）（2009）. 学問のすゝめ　慶應義塾大学出版会
堀尾輝久（1971）. 現代教育の思想と構造──国民の教育権と教育の自由の確立のために──　岩波書店
今井康雄（2004）. メディアの教育学──「教育」の再定義のために──　東京大学出版会

貝原益軒　石川謙（校訂）（1961）．養生訓・和俗童子訓　岩波書店

Natorp, P. (1899). *Sozialpädagogik: Theorie der Willenserziehung auf der Grundlage der Gemeinschaft.* Stuttgart: Fr. Frommanns Verlag (E. Hauff).

小原國芳（1963）．玉川塾の教育　小原國芳全集 11（pp. 175-427）　玉川大学出版部

篠原助市（1930）．教育の本質と教育学　教育研究会

篠原助市（1956）．教育生活五十年　相模書房出版部

寺崎昌男・竹中暉雄・榑松かほる（1991）．御雇教師ハウスクネヒトの研究　東京大学出版会

津田梅子　津田塾大学（編）（1984）．津田梅子文書　改訂版　津田塾大学

辻本雅史（1999）．「学び」の復権——模倣と習熟——　角川書店

矢野智司（2008）．贈与と交換の教育学——漱石、賢治と純粋贈与のレッスン——　東京大学出版会

矢野智司（2021）．京都学派と自覚の教育学——篠原助市・長田新・木村素衞から戦後教育学まで——　勁草書房

世阿弥　竹本幹夫（訳注）（2009）．風姿花伝・三道　現代語訳付き　KADOKAWA

用語解説

(1)　**人間形成**：主体が文化や異世代と関わることにより、自己自身を確立・変容していくプロセス。戦後、ドイツ語の Bildung（ビルドゥング）（教養、陶冶、自己形成などとも訳される）の訳語の 1 つとして普及した。

(2)　**朱子学**：南宋の朱熹（しゅき）（1130-1200）が大成した儒学の体系。日本では朱子学者の林羅山（はやしらざん）（1583-1657）が徳川家康に登用されたことから幕府の文教政策の基礎となり、1790 年の「寛政異学の禁」によって幕府の学問所（昌平黌（しょうへいこう））で教えられる唯一の学問となった。幕末には、朱子学のさまざまな解釈により、西洋近代科学を積極的に取り入れた儒学者（たとえば佐久間象山（さくましょうざん））、逆に西洋諸学排除を唱えた儒学者（たとえば佐藤一斎（さとういっさい））、記紀神話を儒学的に解釈することによって「国体」概念を生み出した儒学者（会沢正志斎（あいざわせいしさい））などが現れた。

(3)　**修身学**：福澤の用語で、「身の行（おこない）を修め、人に交（まじわ）り、この世を渡るべき天然の道理」を述べた学問（福澤 小室・西川編, 2009, p. 8）。戦前の学校での教科としての「修身科」が重視されるようになるのは、これよりも後の 1880 年の改正教育令以降である。

(4)　**学制布告書**：1872 年に発布された、日本初の学校制度に関する法令である「学制」の序文。正式には「太政官布告第 214 号」。「（学事奨励に関する）被仰出書（おおせいだされしょ）」ともいう。

(5)　**師範学校**：normal school の訳語。教員養成機関。戦前の日本では、1886 年の師範学校令で、入学資格は高等小学校卒業以上の学力で 17 歳以上、修業は 4 年とし、さらに男女別の高等師範学校を設けると定められた。戦後の学制改革により、学芸大学や教育学部へと改組された。

(6)　**検定試験**：戦前の日本で、中等学校教員免許状の取得に必要とされた試験。1884 年の「中学校師範学校教員免許規程」以降、学力と品行の検定試験が行われたが、高等教育機関の卒業生には免除された。

(7)　**日教組**：日本教職員組合の略。1947 年、3 つの教職員団体が合同して結成された、労働組合の連合体。文部省（現在の文部科学省）の政策が画一的であるとして反対し、朝鮮戦争勃発時には「教え子を再び戦場に送るな」のスローガンを掲げて反戦運動を行った。

(8)　**家永教科書裁判**：歴史学者の家永三郎（いえながさぶろう）（1913-2002）が、国による教科書検定は違憲であるとして国を訴えた裁判（1965-1997）。最終的に、第一次、第二次裁判は原告敗訴、第三次裁判では、訴えの一部について、違憲ではないが違法であるとの判決が出た。

(9)　**臨教審**：臨時教育審議会の略。中曽根康弘（なかそねやすひろ）（1918-2019）内閣総理大臣直属の諮問機関として 1984 年に設置され、4 回にわたって答申を提出し、1987 年に解散した。

hapter 10

学習理論の展開

1. 実証主義の学習理論

1. 行動主義心理学の隆盛

　本書の冒頭（第1章）ですでに述べられたように、いまや、教育について「学習」の概念を抜きに論じることはできない。しかし、そもそも学習とはどのような営みなのだろうか。本章では、学習に関する理論的な基盤とその展開について「実証主義[(1)]」および「構成主義」という2つの系譜から整理し、その整理をふまえて「学習」をめぐる現代の潮流について考察する。

　「学習」を定義することは容易ではないが、それは少なくとも人間が生きていく上で欠かすことのできない営みである。なんらかの学習を通じて、私たちはこの世界とのかかわりを築き、この世界で何かをなしとげ、ほかのさまざまな人々とともにこの世界を生きることができる。ただし、「学習」がそれ独自で研究の対象となり、教育研究の基礎科学として位置づけられるようになったのはごく最近のことで、実はこの100年余りのことである（宮寺, 2017）。

　そのような学習研究の成立に多大な影響を与え、またその後の学習理論を長く牽引してきたのが、行動主義心理学である。19世紀になると神学や哲学が学問の中枢を占めていた時代が過ぎ去り、自然の観察と実験に基礎をおく実証主義的な自然科学がその地位を確立しつつあった。そのなかで、哲学から離れて自然科学の一分野となることが要請されていたのが心理学であった。1910年代に米国のワトソン（Watson, J.B., 1878-1958）に始まった行動主義心理学は、目に見える行動に対する実験・観察という自然科学的な方法論に基づいて、心理学理論の構築を目指した。そこでは、人間の心や意識といった主観的なことがらに関する探究は「非科学的」なものと見なされ、客観的に観察可能な行動だけが心理学の対象とされた。そしてそのなかで、「学習」も心理学の研究の対象となってきたのである。学習を通じて人間の行動は変化していくのであり、その行動の変化から学習という営みを把握しようとしたわけである。

　とりわけ、行動主義心理学を集大成したスキナー（Skinner, B.F., 1904-1990）らは、学習を特定の「刺激」と特定の「反応」が結びつくことによって生じるものととらえた。そこでは、人間の高度で複雑な学習も、分析すれば刺激と反応の連合という要素に還元できると

考えられた。したがって、学習をいくつかの要素に分割し、易しいものから難しいものへと段階的に配列し段階的に指導すること、その過程で学習成立の条件として適切な報酬や罰[2]を与えることが効果的な教育方法として重視されることとなったのである（市川, 2011）。1960年頃までに最盛期を迎えたスキナーらの行動主義心理学の学習理論は、今日に至るまで、学校教育に大きな影響を与えてきた。

2. 「認知」への着目

行動主義心理学に基づく学習の概念は、上述のように、人間の認知[3]の過程を軽視している。しかしながら、人間の刺激に対する反応は、単に物理的なものではない。あらゆる反応は、それぞれの場面で、自分なりの解釈を加えつつ生じている。したがって、これらを含まないことには、行動主義は行動の「意味」を解明することには役立たない。このような批判から、意識や記憶といった認知プロセスを心理学の対象としようとしたのが1960年前後に登場した認知心理学である。

認知心理学の誕生には、一つの大きな背景があった。1940年代のコンピュータの誕生である。当時、コンピュータがめざましい発展を遂げるなかで、コンピュータの「情報処理理論」が人間にもあてはまるのではないかと考える心理学者が増えてきた。つまり、コンピュータが情報を入力してから出力するまでに内部で行っている処理の方法を、人間の頭のなかで起こっていること（認知）と重ねあわせて考えることができるのではないかというのである（渡部, 2005）。

こうして、それまでの行動主義心理学では「行動の変容」とされていた学習は、認知心理学においては「人間の頭のなかの変化」と考えられるようになり、学習は「記憶すること」とかなり近い意味でとらえられるようになる。つまり、学習者の頭のなかにある記憶の貯蔵庫にどのようにして情報をインプットできるか、ということが学習研究の中心テーマとなっていくのである。

このようにして、学習理論の焦点は「行動」から「認知」へと移り変わろうとしていたが、両者に共通する前提となっているのが、近代科学の基礎としての実証主義や客観主義である。そこでは、知識は客観的に把握できる実体としてとらえられ、知識構造を解明し法則化することによって、より効果的な学習方法を見つけ出すことができると考えられている。また、そのような知識を子どもの頭のなかに注入することが学校教育の目標となる。教師はそうした知識をすでに有している存在であり、それを「白紙」の子どもへと伝達することが彼らのしごとだととらえられる。このようにして根づいてきた学校教育の「教授主義」的な伝統は、その限界が指摘されている（ソーヤー, 2018, p.2）にもかかわらず、今日でも根強く学校教育に残り続けている【QR10-1】。

Chapter 10　学習理論の展開

【QR10-1】
学校教育における「教授主義」の伝統について

2. 構成主義の学習理論

1. 構成主義と社会構成主義

　実証主義に対置されるのが、構成主義である。構成主義は、教育だけではなく人文・社会科学のあらゆる領域に広がっている見方である。その詳細については論者によって多様な意見・議論がみられるが、共通するのは、実証主義が「現実は人と独立して世界に実在している」ととらえるのに対して、「現実は人が世界と関わることによって構成される」と考える点である。構成主義に基づけば、学習とは所与の知識や技能の習得ではなく、学習者がモノや人を媒介とする活動を通して、意味と関係を構成する営みだと理解される。学習とは人がその心のなかで世界を作り出す過程であり、その意味でわれわれの住んでいる世界は、われわれの心によって作り出されたものだといえる。したがって構成主義の学習理論では、教授すべき知識がどのような構造をもっているかということに焦点を合わせることはあまり意味をもたない。そのかわりに、学習者がどのようにして主体的に意欲をもち学習活動に関わっていくか、というところに焦点が合わせられなければならない（久保田，1995）。

　構成主義の教育を支える心理学の始祖は、スイスの心理学者のピアジェ（Piaget, J., 1896-1980）である。ピアジェは、あらたな知識を学んでいく際に、すでにその人がもっている知識構造を介して外界と相互作用することによって、あらたな知識構造（シェマ）が構成されると考えた。このシェマが複雑に、また豊かになっていくことをピアジェは「発達」としてとらえた。

　このピアジェ的な構成主義、つまり個々の学習者に見出される生物学的・心理学的メカニズムを強調するような構成主義に対する批判として登場したのが、文化的環境のなかに個人を位置づけ、知識の共同的な構成を論じる「社会構成主義」である。その理論的な源泉は、ヴィゴツキー（Vygotsky, L.S., 1896-1934）とデューイ（Dewey, J., 1859-1952）に求めることができる。

　ヴィゴツキーは発達や学習を文化の獲得、文化の学習として把握する。そして、この学習は文化の体現者である大人との共同的な行為を通してなされる。このような大人との関係で機能していた精神活動はしだいに内面化し、子どもが自分自身で行えるようになる。このように、認知発達・学習は社会的な起源をもち、それが内面化されていく過程であると考えられる。一方、デューイは、プラグマティズムを基盤としながら、「道具的思考」と「反省的思考」による「問題解決」を重視した。言語という人間に固有な道具を媒介として環境と交渉し、それによって問題を解決する反省的思考をデューイは重視しており、そこでの「学習」は、学習者が教材を媒介として意味を構成しあう社会的な過程として理解されたのである（佐藤，1995）。

　両者の学習理論には、活動的な性格、共同体的で社会的な性格がともに含まれている。また、この両者は戦後日本の教育（学）に大きな影響を及ぼしたことで知られるが、「経験主

義」か「系統主義」かという論争のなかで両者に共通するそうした性格には焦点が当てられず、教授（ヴィゴツキー）か経験（デューイ）かという側面ばかりが強調されたために、その受容において、社会構成主義的な学習理論のもつ意義については十分に考えられてこなかった。

2. 学習研究の学際化／多様化

　主に1980年代以降、学習をめぐる理論・研究は心理学にのみ拠るものではなくなり、より多様な領域に開かれることで進展してきた。認知心理学、発達心理学、脳科学、社会心理学、文化人類学、教育工学などの多様な学問分野を総合することによって成立した「学習科学」は、新しい学際的な領域として急速に発展してきた。そのなかで、上述のような社会構成主義的な学習観への転換をさらに決定的なものにしたのは、それまでの学習心理学ではなく、文化人類学に依拠した認知研究の成果であった。

　たとえば、西アフリカの仕立て屋の徒弟制のなかで、新参者がしだいに古参者になり熟達者になる、つまり、弟子が下働きをしながら見よう見まねで仕事に従事して、最終的に親方として自立するまでの過程をフィールドワークを通じて研究したレイヴ（Lave, J., 1939-）らは、学習が社会的状況や文脈に埋め込まれているものだととらえた（状況的学習論[4]）。学習とは文化的実践の共同体に参加し、新参者が古参者になり熟達者になっていくことだという新しい見解（正統的周辺参加論）を提唱した（レイヴ＆ウェンガー佐伯訳, 1993）。レイヴらの研究が提起する最大の論点は、学習を個人の頭のなかの問題から切り離し、共同体の実践への参加の問題としたことにある。学習を共同的に営まれる実践と見なし、知を道具やほかの人と効果的に分散化することで共同体全体の実践に貢献することなのだとすると、人々の学習を支援するという教育の営みにおいては、個人の「頭のなか」への働きかけを越えて、共同体全体を生き生きとした「学び合い」の場にしていく必要があるだろう（佐伯, 1998）【QR10-2】。

　このような学習理論は次のような点について、従前の学校教育に対する鋭い批判となった。一つは、学習の成立において教授活動を無自覚のうちに前提としていることである。徒弟制のコミュニティのなかでは、近代学校のような教授の過程がないにもかかわらず、ゆたかな学習の過程が確認されたからである。もう一つは、学校における学習内容が、授業で教えることを前提として世界から切り出されているということである。実践共同体では実践や共同体の変容と学習内容とは不可分なものであるのに対して、学校教育では一般的な内容、脱文脈的な知識の学習が中心になるためである。

Chapter 10　学習理論の展開

【QR10-2】
状況的学習の
過程

3. 「学習／学び」をめぐる現代的潮流

1. 「学習」から「学び」へ

　構成主義の学習理論の登場を背景として、1990 年代頃から、日本の教育界では、「学習」という言葉のかわりに、「学び(5)」という言葉が使われるようになった。もちろん、「学び」という言葉そのものは古くからあったが、1990 年代以降は「学び」の活動的、共同的、社会的な面を強調する言葉として使用されてきた。そこには教師の主導による「学習」から、子どもを主体とする「学び」へ、あるいは教師による「教え」から子どもの「学び」へ、という転換が含意されていた(佐藤, 1995)。

　同時に、「学び」という言葉は、教育政策・教育改革におけるキーワードとしても重用されてきた。近年の「主体的・対話的で深い学び」や「アクティブ・ラーニング」【QR10-3】などがその代表的な例といえよう。これらは、もともと大学教育改革の文脈で使われ始めた言葉だが、学習指導要領の改訂や高大接続改革(6)を通して、初等中等教育や大学入試改革とも結びつくことにより、学校教育全体に関わる改革のキーワードとして近年広くその重要性が叫ばれている。これらの改革は、「教員による一方向的な講義形式の教育」への批判として登場し、「学修者の能動的な学修への参加」(中央教育審議会, 2012)を重視する点で、構成主義の学習理論に依拠した「学び」の潮流と重なる点が多いように思われる。しかしながら、それらはあくまでも「教授・学習法」であり、前節までにみた学習理論とは違って、そこにはいかなる人間論や認識論も前提とされていない(松下, 2016)。近年の学習科学が教授主義から学習者中心の構成主義への学習観の転換を主張してきたのは、単に学習効果が上がるからという理由だけではなく、子どもの理解の仕方、知識の作り方、それらを通した学び方が本来的に構成的なものだと認めるからである。つまり、教授主義と構成主義の違いは、教えるか否か、断片的な記憶を肯定するか否かといった表面的な学習活動・目標の違いではない(白水, 2016)。このように考えれば、より有効な教育方法によって教師が子どもの学習をあくまでも制御できると考える点で、近年のこれらの改革動向は学習者の「学び」を中心に教育を編み直すどころか、むしろ、ソーヤーの指摘した「教授主義」の範疇にとどまっているようにも思われる。

2. 「学び」と「教え」の行方

　これらの改革が十分に教育実践に根づこうとする前に、2017 年改訂の新学習指導要領が実施されようとするタイミングで、次々とあらたな教育改革構想が、文部科学省のみならず、経済産業省、内閣府からも提起されている。そして、それらを十分に理解し、実践する余裕もないままに、「主体的・対話的で深い学び」から『令和の日本型学校教育』における「個別最適な学び」などへ、教育改革のキーワードばかりを新しく置き換えるかの

【QR10-3】
中教審によるアクティブ・ラーニングの定議

ような動きもみられる（石井，2021）。

　そこでは、子どもの認知特性をふまえた個別最適な学びと協働的な学びの一体的充実が目指されるが、「個別最適な学び」と「協働的な学び」が異なるものとして切り分けられたことで、より一層個人主義的な色彩が強まったようにも思われる。そのような状況であるからこそ、従来「個人」に閉じ込められてきた学習を、社会的・歴史的・文化的に問い返そうとした社会構成主義の学習理論について改めて考える必要があるだろう。

　その一方で、くり返されてきた「学び」論に、閉じ込もるわけにもいかない。これらの「学び」の潮流のなかで、教えることから学ぶことへという二項対立的な図式と「学び」の一面的な強調によって、「教え」が空洞化してきたことが近年指摘されている（石井，2019）。そのような状況にあって、「学び」論の隆盛は、ビースタ（Biesta, G.J.J., 1957-）のいう「教育の学習化」（教育を学習者のニーズを充たす過程としてばかりとらえることによって、教育の内容と目的についてのより重要な問いが、ほとんど問われなくなってしまうような状況のこと）を生み出し、結果として、規制緩和と自由化の「新自由主義」の加速を後押ししてしまっているようにも思われる（ビースタ，2021）。

　子どもたちの「学び」のもつ豊かさが「能力」や「学習」といった言葉で矮小化されつつある今、改めて「学び」論の意義を再確認しながら、その展開のなかで見落とされてきた「教育」という営みについて、とらえ直すことが求められているのではないだろうか。

（森　和宏）

【引 用 文 献】

Biesta, G.J.J.(2006) *Beyond Learning: Democratic Education for a Human Future.* Paradigm Publishers.（ビースタ，G.J.J.　田中智志・小玉重夫（監訳）（2021）. 学習を超えて——人間的未来へのデモクラティックな教育——　東京大学出版会）

中央教育審議会（2012）.　新たな未来を築くための大学教育の質的転換に向けて〜生涯学び続け、主体的に考える力を育成する大学へ〜（答申）用語集

市川伸一（2011）. 学習と教育の心理学［増補版］現代心理学入門 3　岩波書店

石井英真（2019）. 教育方法学——「教育の学習化」を問い直し教育的価値の探究へ——　教育学年報 11 教育研究の新章（ニュー・チャプター）下司晶他（編）世織書房

石井英真（2021）. 教育「変革」政策の展開と教師の自律性——「教育 DX ×個別最適な学び」による脱学校化の行方——. 教育方法 51 教師の自律性と教育方法（pp.10-23）図書文化社

久保田賢一（1995）. 教授・学習理論の哲学的前提——パラダイム論の視点から——　日本教育工学雑誌, *18* 巻（3_4）, 219-231.

Lave, J., Wenger, E.（1991）. *Situated Learning: Legitimate Peripheral Participation.* Cambridge University Press.（レイヴ，J.・ウェンガー，E.　佐伯胖（訳）（1993）. 状況に埋め込まれた学習——正統的周辺参加——　産業図書）

松下佳代（2016）. 資質・能力の形成とアクティブ・ラーニング——資質・能力の「3・3・1 モデル」の提案——　日本教育方法学会 教育方法 45 アクティブ・ラーニングの教育方法学的検討（pp.24-32）図書文化社

宮寺晃夫（2017）. 学習　教育思想史学会（編）　教育思想史事典［増補改訂版］（pp.78-80）勁草書房

佐伯胖（1998）. 学びの転換（学びの転換 - 教育改革の原点）　佐伯胖他（編）　稲垣佳代子他　授業と学習の転換　岩波講座現代の教育第 3 巻　岩波書店

佐藤学（1995）. 学びの対話的実践へ　佐伯胖・藤田英典・佐藤学（編）　学びへの誘い　シリーズ・学びと文化（1）　東京大学出版会

Sawyer, R.K. (2014). *The Cambridge Handbook of the Learning Sciences* (2nd ed.) Cambridge University Press.（ソーヤー, R.K.　森敏昭・秋田喜代美・大島純・白水始（監訳）望月俊男・益川弘如（編訳）（2018）. 学習科学ハンドブック 第二版 第 1 巻 ──基礎／方法論── 北大路書房）

島宗理・吉野俊彦・大久保賢一他（2015）.「体罰」に反対する声明　行動分析学研究, *29*（2）, 日本行動分析学会, 1-19

白水始（2016）. 学習科学の成立、展開と次の課題　秋田喜代美（編）　岩波講座教育：変革への展望 5 学びとカリキュラム　岩波書店

渡部信一（2005）. ロボット化する子どもたち──「学び」の認知科学──　認知科学のフロンティア　大修館書店

用 語 解 説

（1）**実証主義**：事実の観察によって得られた経験のみを認識の対象とし、経験を越えた実体を想定する思弁的な考察を非科学的なものとして退ける学問的立場のこと。特に、近代における自然科学の発展を背景として、観察と実験に基づく自然科学的方法を重視した。教育においても、実証主義は大きな影響力をもち、本論で取り上げた行動主義の学習理論はその代表例といえる。ほかにも学習成果を客観的に測定するためのペーパーテストなど、実証主義的な思考や手法は教育実践の随所に確認できる。今日でも、実証された科学的知見（エビデンス）に基づいて教育実践が進められるべきだとする考えは広く共有されており、その影響は決して過去のものではない。

（2）**罰**：狭義には、ある行動の直後の環境変化によって、その行動の頻度が下がることを意味し、「弱化」ともいう。なんらかの刺激によって弱化が生じる時、その刺激を「嫌子」というが、本文中ではこの嫌子と近い意味で用いている。なお、「効果的な教育方法」との表現を用いたが、体罰などの苦痛刺激を伴うアプローチがもたらすネガティブな影響が大きいこと、またそれが必ずしも効果的な方法ではないことは、くり返し確かめられてきており、その点については改めて留意しなければならない（島宗他, 2015）。

（3）**認知**：外界にある対象を知覚し、それが何であるかを判断したり、解釈したりする過程をいう。より具体的には、知覚・判断・想像・推論・意思決定・記憶・言語理解などを指す。20 世紀後半から行動主義に替わって認知心理学・認知科学の影響が強まったことは認知革命ともいわれるが、それは単に研究対象が変化しただけでなく、人間を外界に積極的に働きかける存在としてとらえ直すこととなり、学校教育の実践にも少なくない影響を与えた。

（4）**状況的学習論**：文字通り、具体的な状況のなかでなされる学習のことをいう。ただし、これは学習が実際的な状況のなかで行われているということだけではなく、状況や文脈によって知識や学習が規定されていること、さらには学習によってあらたな状況が作り出されることを意味している。その意味で、学習と状況は分離できない。それは、学校教育の学習が生活の文脈を離れて知識や技能をパッケージとして取り出そうとするのとは対照的な見方といえる。

（5）**学び**：一般的には「学習」とほぼ同意義で用いられることもあるが、日本の教育学研究においては

1990年代頃から区別されて用いられている。1990年代以前には学習は教授などの操作対象と見なされ、学習とは何かをその外側から明らかにしようとしてきたため、学習という行為が学習者においてどういった意義をもつのかなどはあまり問われないでいた。それに対して、学習という行為を「学び手の内側に広がる活動世界として理解する」ために、「学習」に代わって「学び」という概念が日本の教育学研究において用いられるようになった。

（6）**高大接続改革**：予測が困難なこれからの社会において、あらたな価値を創造する力を身につけることを目指して進められた高校教育・大学入試・大学教育による一体的な改革のことをいう。背景には、グローバル化の進展や人工知能技術などの技術革新、生産年齢人口の急減などがある。「知識・技能」、「思考力・判断力・表現力」、「主体性を持って多様な人々と協働して学ぶ態度」からなる「学力の3要素」の重要性を提起し、その他の教育政策とも連動するかたちで、学校教育全体に大きな影響を与えた。

‧ ‧ ‧ ‧ ‧ ‧ ‧ ‧ ‧ ‧ ‧ 【コラム 3】高等学校における探究学習 ‧ ‧ ‧ ‧ ‧ ‧ ‧ ‧ ‧ ‧ ‧ ‧

1．探究学習とは

探究学習（inquiry learning）とは、①みずから課題を発見・設定し、②調査・観察・実験などによって情報を収集して事実を明らかにし、③情報を整理して、事実に基づいて分析をして、知識や技能と結びつけて論理的・批判的思考・判断を行い、④結論をまとめて、表現したり、問題を解決し、検証したりする学習活動である（楠見, 2017）。

探究学習は、能動的学習（アクティブ・ラーニング）の形態の１つであり、深い学習（ディープ・ラーニング）を達成することを目指す。海外では、探究基盤型学習（inquiry-based learning）、問題基盤型学習（problem-based learning）、プロジェクトベース学習（project-based learning）とも呼ばれてきた。高校において、生徒が個人やグループでの探究学習に取り組むことによって、大学における学問や研究の土台を形成し、「生涯にわたって探究を深める未来の創り手」（文部科学省, 2018）となることを目指している。

高等学校における探究学習についての全国的な取り組みは、「総合的な学習の時間」において、2002 年度の小中学校に続いて、2003 年度から始まった。さらに、2022 年度から実施された新学習指導要領では、探究学習は「主体的・対話的で深い学び」（アクティブ・ラーニング）の実現に向けた授業改善の推進のなかで、一層重視されるようになっている。これまでの「総合的な学習の時間」は「総合的な探究の時間」に名称変更され、小・中学校における学習を土台として、高度化した探究過程（目的と解決方法が整合的で、幅広い可能性を視野に入れるなど）を自律的に行うこと（自分に関わる課題を発見、みずからの力で推進、成果を活かした社会参画）を目指している。すなわち、「自己の在り方生き方と一体的で不可分な課題」を発見し、解決する学びの展開が重要である（文部科学省, 2018）。生徒が、（地球・日本・地域）社会の一員として何をすべきかを考え、自分の考えや意見を深め、自分が人生において何をするか、職業や進路を考えつつ探究学習に取り組むことを意味している。

一方、新科目「古典探究、地理探究、日本史探究、世界史探究、理数探究基礎、理数探究」では、教科の系統のなかで行われる探究学習によって、各教科・科目における理解をより深めることを目的としている。

また、文部科学省は、2002 年度から、全国の高校約 200 校をスーパーサイエンスハイスクール（SSH）に指定して、高度な STEM（Science, Technology, Engineering, Math）の授業とともに探究学習を地域の特性を活かした研究活動によって進めている。さらに、2014-2020 年度には、スーパーグローバルハイスクール（SGH）として、123 校を指定して、探究学習を、グローバルな社会課題やビジネス課題を取り上げ、国内外のフィールドワークに基づいて進めている。これらの指定校における探究学習の取り組みは、他の高校の連携や参加、指導方法を取り入れることなどによって広がりつつある。

2．探究学習による技能と態度の育成

「総合的な探究の時間」の目標は、「探究の見方・考え方を働かせる」ことである。それは、「各教科・科目等における見方・考え方を総合的・統合的に働かせる」ことと、「広範かつ複雑な事象を多様な角度から俯瞰して捉える」ことであり、また、「実社会や実生活の複雑な文脈や自己の在り方生き方と関連付けて問い続ける」ことである（文部科学省, 2018）。

ここでは、探究学習において活用され、学習を通して獲得される主な知的技能（スキル）という観点から、汎用的な学習技能と研究（リサーチ）技能からみていく。

　第1の学習技能（スキル）は、学習のために必要な読み書きやコミュニケーションに関わる教科を越えた汎用的技能である。探究学習を支える学習技能としては、読解、情報収集とレポートライティング、傾聴、討論とプレゼンテーションなどに関わる技能がある。ここには、他者と協働して課題解決をする技能や「考えるための技法」（言語による分析、まとめ、表現、また、比較、分類、関連づけなどの思考スキル）、情報活用能力（コンピュータや情報通信ネットワークを利活用する技能）も含まれる（文部科学省, 2018）。また、みずからの探究学習がうまくいっているか、その認知過程を内省（リフレクション）して、モニター・コントロールするためのメタ認知技能も重要である。さらに、これらの技能を統合するものとして、批判的思考の技能は、情報を明確化し、情報信頼度を評価した上で、推論を行い、行動決定や創造的な問題解決を行う技能として位置づけることができる（楠見, 2019）。

　第2は、研究（リサーチ）技能である。研究を進めるために必要であり、学習技能を基盤にしている。課題の発見と解決に必要な技能であり、発想し、仮説を立て、演繹して、研究を計画し、観察や実験、調査を実行する研究手法、データを分析したり読み解く統計的手法、論文を読んだり書いたりする、ポスターやプレゼンテーションツールを使った発表や発信、それに基づいて討論する技能などが含まれる。

　さらに、探究学習では技能だけではなく、「探究に主体的・協働的に取り組むとともに、互いのよさを生かしながら、あらたな価値を創造し、よりよい社会を実現しようとする態度を養う」とともに、論理的、客観的、熟慮的な批判的思考態度の育成も重要である。

3. 今後の課題

　高等学校における探究学習の課題としては、以下の3点をあげることができる。第1は、探究学習のプロセスや成果をどのように多面的に評価するかという問題である。これは、高大接続において、AO入試などでの評価とも関わり、国内外において実践が進んでいる（伊藤, 2023）。さらに、第2として、探究学習が、教科学習、汎用的能力・技能に及ぼす効果、大学進学後や社会に出てからの活躍に及ぼす長期的効果を明らかにすることである。第3は、探究学習を指導する教員の養成である。高校教員の養成や採用は教科ごとに分かれているが、探究学習を指導する教員養成のために、教職課程における探究学習の教授法の指導を充実させるとともに、教員自身の研究スキルを高めるために、教員が大学院などで学べるようにしたり、大学院での学修経験をもつ教員の採用を増やしていくことである。

（楠見　孝）

【引用文献】

伊藤実歩子（編）(2023). 変動する総合・探究学習：欧米と日本　歴史と現在　大修館書店

楠見 孝 (2017). 探究力と創造性の獲得　藤澤伸介（編）探究！教育心理学の世界　(pp.68-71)
　　新曜社

楠見 孝 (2019). 探究学習を支える説明力　山本博樹（編）教師のための説明実践の心理学
　　(pp.11-20) ナカニシヤ出版

文部科学省 (2018). 高等学校学習指導要領（平成30年告示）解説：総合的な探究の時間編
　　文部科学省

近代以前の教育

1. 近代以前の人間形成

近代以前（古代〜中世〜近世期）における「教育」のあり方は、現在の私たちが「当たり前」だと考える学校を中心とした教育のあり方とはずいぶん異なっている。近代以前の社会では、多くの場合、大人になる上で学校の役割は現在よりもはるかに小さい。Schoolの語源であるギリシア語の scholē が閑暇や余暇を意味したように、学校とはもともと生産活動に従事する必要がそれほどない社会階層の子弟を主な対象としていた。

この時、近代以前の社会では、それぞれの共同体での子育て習俗[1]や、職業社会への参入の過程での「学び」と「教え」、文字の学習などを通して、子どもは大人になった。近代国家における制度化された学校教育は、こうした近代以前の教育のあり方を否定するものではあったが、同時に近代以前の教育のあり方と連続している部分もある。

1. 共同体における人間形成と子育て習俗

近代以前において、それぞれの共同体はそれぞれの仕方で、子どもを保護し、養育しようとした。ただ、近代以前の社会では、特に都市部において、乳幼児死亡率は高かった。たとえば、ロンドンの5歳以下の乳幼児死亡率は、1730〜49年には74.5%、1810〜29年には半減するものの31.8%という高い水準にあったと報告されている（北本，1993，p.127）。子どもを一人前の大人に育てることは、共同体の存続にとっても重要な営みだったのである。

それぞれの共同体には、子育ての習慣・儀礼としての子育て習俗があった。たとえば、近世までのヨーロッパでは、生まれたばかりの赤ん坊を細長い布切れでぐるぐる巻きにするスウォッドリング（Swaddling）（第2、6章）と呼ばれる習俗が一般的に見られた。これは、乳幼児を細長い布切れでぐるぐる巻きにすることによって、赤ちゃんの身動きを取れなくさせるものであった。この習俗は奇妙に思えるかもしれないが、近世までのヨーロッパの人々にとっては、子どもの運動・移動による事故を防いだり、蔓延する皮膚病から子どもを守ったり、将来的に子どもの骨が曲がってしまうことを未然に防ぐといった目的があったようで、彼らなりに子どもを保護しようとした証でもあった（北本，2021，p.96）。ただ、スウォッドリングは、育児書の普及や小児医学の発展を背景として、18世紀半ばから徐々に廃れていく。このように、育児書や小児医学の広まりは、乳幼児死亡率を劇的に

低減させることに貢献した。

　日本独自の子育て習俗としては、出産直後のお宮参りや七五三、一升餅（大きなお餅を子どもに背負わせること）などが今なお各地に残っている。このような子育て習俗は、子どもの成長を祝うものであったとともに、子どもが共同体の成員として認められていく過程でもあった。特に近代以前の日本では、子どもは7歳になると積極的なしつけが始められたほか、子ども組と呼ばれる共同体の異年齢集団に参加することを通して、共同体の一員として位置づけられていった（田嶋，2016）。近代以前の共同体において大人になるということは、責任ある「一人前」として共同体の成員に認められるということだった。

2. 職業社会への参入を通した人間形成

　近代以前の社会では、一家族あたりの生産性は低く、庶民の子どもは7〜8歳頃になると大人とともに仕事をすることが当たり前だった。子どもといえども、労働とは切り離せない関係にあった。子どもは大人とともに労働する存在だったが、同時に、大人を見習って、大人の職業社会に参入していく存在でもあった。

　西洋における職業社会への参入の代表例として、徒弟制度[2]がある。中世から近世のヨーロッパにおいては、都市部で続々と親方たちによるギルド（職業組合）が結成され、営業権を独占していた。年少者が職業に就こうとする際には、親方に弟子入りし、技能を学ぶ必要があった。徒弟制度では、技能を教えることはあくまで生産活動に付随して起こる営みでしかなく、弟子たちは親方の生産活動から見て学ぶことが求められた。なお、徒弟制度は近代以降の工業化の進展とともに衰退し、近代教育制度の形成過程において、中等教育レベルに「職業教育」として組み込まれていく。

　また、近世日本における職業社会への参入の代表例としては、奉公がある。奉公とは、意図的に子どもを他家に住み込みで働かせることを通して、職業について修行させるもので、幼い子どもの子守をする子守奉公や、商店で働く丁稚奉公などがあった。商家への丁稚奉公や親方に弟子入りすることで、子どもは下働きをしながら技能やワザを修得していった。

　このような奉公のあり方は、たしかに職業社会に子どもを参入させることを通して、子どもを「一人前」の大人にする行為だったかもしれない。一方でそれは、家の貧しさゆえに子どもを身売りし、労働力として子どもを搾取することでもあった。今でも、NHK朝ドラ『おしん』（1983〜84年放送）における、明治末期に主人公のおしんが口減らしのため奉公に出される際に父母が泣きながら見送るシーンは有名だろう。

　近代以降には、子どもは共同体と労働から解放され、学校と家庭に囲い込まれていくとされるが、すべての子どもが労働から自由になったわけではない。19世紀後半は、西ヨーロッパ先進国の子どもが児童労働から解放され学校に通い始める一方で、同時期のシチリア島では先進国の重化学工業に必要な硫黄の採掘のため、東欧では先進国への食糧供給を

　Chapter 11　近代以前の教育

図るため、それぞれ児童労働が増加した（岩下他，2020，p.104）。現在もなお、先進国では子どもは教育される存在かもしれないが、発展途上国では働く子どもの姿は一般的であろう。働く存在としての子どもから教育される存在としての子どもへの移行は、地域や時代の偏差を伴っているのである。

2. 近代以前の教育と学問

　近代以前の学校は、文字を学ぶことの必要性を基盤として成立していた。具体的には、政治的・経済的・宗教的な文脈におけるリテラシー[(3)]への要請である。文字を学ぶことは、政治的には行政文書の読み書きにおいて、経済的には商取引の円滑な実施やその記録などに不可欠だった。主に特権的な人々におけるリテラシーの必要性が、近代以前の学校を支えていた。一方で、庶民が組織的に文字学習に取り組むようになるのは、日本では近世以降（江戸時代）になってからだった。

1. 西洋における教育と学問

　古代ギリシアのアテネでは、政治に参加する市民の教育が模索されていた。これを受けて、プラトンはアテネの北西に位置するアカデメイア（第1，3章）の地に紀元前386年頃教育施設を設立し、同地では数論や幾何、天文学などが学ばれた（のちに地名を採ってこの施設は「アカデメイア」と呼ばれ、現在の「アカデミー」の語源になっている）。

　中世ヨーロッパの学校は、宗教（キリスト教）の強い影響を受けて成立していた。キリスト教の聖職者養成を目的として、各地に修道院学校や司教座聖堂学校が創設され、キリスト教の研究と教育が行われた。8世紀のフランク王国カロリング朝のカール大帝は、カロリング・ルネサンスとのちに呼ばれる一連の文学や芸術の保護・振興政策のなかで、首都アーヘンに宮廷学校を創設し外部の学者を招いたほか、修道院学校や司教座聖堂学校に積極的に民衆の教育に携わるよう求める政策などを打ち出した（石橋・佐久間編，2019，pp.7-8）。

　この一方で、中世においては、教皇や国王の支配に対して自治権を有していた各地の都市で、学問と教育に取り組もうとする新しい動きが登場する。12世紀後半から13世紀初頭にかけて、都市で高度な学問・教育施設としての大学がつくられていく。もともと大学（university ユニヴァーシティー）の語源は学生の組合（universitas ウニヴェルシタス）であり、学生が大学団という組織に授業料を払い、大学団が教師を雇用するというしくみができあがっていった（吉見，2011，pp.28-30）。この当時の都市は、商取引や物流といった経済的・人的交流の結節点であり、同時に都市間を移動する知識人による知の交流の結節点でもあった。この「都市の自由」は、教師や教育内容の自由といった大学の基盤になったのである。12世紀中盤の北イタリアのボローニャ大学、13世紀前半のパリ大学の誕生を皮切りに、15世紀までにヨーロッパ全土で大学の数は約80にまでなった。もっとも、この当

時の大学はあくまでエリートが学ぶ場であり、教育内容も、自由七科（第1、3章）がラテン語で教授されていた。

16世紀から19世紀にかけて、大学に入学することを前提とした教育機関が登場する。グラマースクール、パブリック・スクール（イギリス）、コレージュ、リセ（フランス）、ギムナジウム（ドイツ）などと呼ばれたこれらの学校は、ラテン語の教授などが行われ、大学（高等教育）の入り口としての中等教育機関として位置づいていく。なお、近代以降の中等教育には、この時期に形成される高等教育への入り口としての中等教育機関と、19世紀以降の国民教育形成期に初等教育に次ぐものとして設置される中等教育機関という、2つの傾向が混在することになる。

以上のようなヨーロッパ世界では、ラテン語という共通の基盤によって、地域を隔てた知識人の交流が可能になった一方で、庶民が用いたそれぞれの地域の言葉（母国語）とは異なっていたこともあり、庶民が学問の成果を受容することは難しかった。ただ、15世紀中盤にグーテンベルクにより開発された活版印刷術は、庶民が本を読むことを可能にし、ルターによる宗教改革の背景となり、結果的に母国語による宗教と知識を学ぶ道が開かれていった。

2. 古代から中世日本における教育と学問

古代の日本は、大陸・半島から文字（漢字）や宗教（仏教など）、文化、政治制度などを受容してきた。政治・統治機構の組織化に伴って文字学習の重要性が高まると、体系的にリテラシーを身につける場としての「学校」が登場する。「学校」で文字を学ぶ必要があったのは貴族階層に限定されていたが、知識階層を中心とした文字学習の広がりは、大陸に影響されつつも相対的に独自の文化や政治・社会をつくりあげることにつながった。

645年に始まる大化の改新とこれに続く律令制の整備による一連の政治改革では、律令に基づいて政治・行政を運営する統治システムが整えられた。このような律令制国家への転換によって、中央集権的な統治システムが整えられ、文書でもって執行される文書行政の重要性を増加させた。このため、文字に習熟し、国家と地方で文書行政を司ることのできる官僚（律令官人）の養成が急務になった（山本, 2014, p.14）。

文字を使いこなす律令官人を養成するための施設として、8世紀には都に大学寮が整備された。九州大宰府に設置された府学、各地方（国）に1校ずつ整備された国学も合わせて、のちに「学校」と呼ばれるようになった（久木, 1990, p.3）。大学寮は中央政府の官人養成にあたったのに対し、府学・国学は地方官僚の養成にあたった。大学寮では、儒学の教育が行われ、主に都の貴族の子弟が通った。ただ、大学寮や国学といった古代の学校は、律令制の後退とともに12世紀頃には衰退する。

このように、古代における学校は、基本的には庶民とは離れた場所で、政治・統治の必要性のもと行われていたが、なかには「民衆学校」としての性格をもった教育施設も（例

外的に）存在した。その代表例が、828年頃に真言宗の開祖である空海によって京都に開設された綜芸種智院である。身分にかかわらず学ぶことができた綜芸種智院は、識字を通した階層上昇という民衆の欲求に応えるものだった（久木, 1990, pp.448-59）。

　時代が下って、中世日本では、貴族社会から武家政権の成立に伴う武士社会に移行した。統治階層としての武士の勃興は、武士たちに文字学習の必要性を迫る契機となった。また、貴族社会では政治の中心は都・西日本であったが、武士社会の到来によって、関東（鎌倉）・東日本も発展していく。中世において、関東に知識・教育施設が誕生する背景には、武士社会の到来とこれに伴う文字学習への要求の高まりがあった。

　武士によってつくられた高度な知識・教育施設として金沢文庫がある。これは、鎌倉時代の中期に、北条実時が自身の金沢（現横浜市金沢区）の邸宅に創設したもので、儒学や政治、歴史などに関わる1万3,000もの書物を蒐集・所蔵していた。「学校」というよりは私設図書館のような役割を担ったが、武士によって知識を集積する施設がつくられたことは、中世の武士の学問への関心の高まりを示している。

　中世において最高学府とされたのが、現栃木県足利市に創設された足利学校である。足利学校は14世紀中盤に創設された（五味, 2021, p.29）。15世紀中盤から足利学校の整備が本格的に進められ、室町時代から戦国時代にかけて足利学校は隆盛を迎える。足利学校には、遠くは薩摩など全国から学生が集い、最盛期には4,000人ほどの学生がいたとされる。戦国時代にキリスト教布教のために来日した宣教師フランシスコ・ザビエルは、足利学校を日本で一番大きい「坂東の大学」と称したとされている【QR11-1】。

3. 近世日本における教育と学問

　江戸時代は、武士による社会統治のシステムが完成され、政治的にも経済的にも東国（江戸）の力が大きくなったほか、商取引を通じて経済が発展し、都市を中心に豊かな文化が花開いていく。政治的・経済的・文化的な発展は、支配階層だけでなく、庶民にも文字学習が広がる背景になった（たとえば、この時代に商業出版が登場し、読書人口が飛躍的に増える）。江戸時代には、組織的な教育を通して知や文化の計画的伝達を図る「教育社会」が形成されたのである（辻本, 2021, p.45）。

1. 庶民の文字学習と教育要求

　江戸時代において、庶民による文字学習の場になったのが、寺子屋（手習塾）(4)だった。寺子屋では、庶民の子どもが簡単な読み・書き・計算を学ぶ場であり、文字学習の必要に迫られた庶民たちによってつくられた。基礎的な文字学習の場であった寺子屋は、庶民の教育要求を背景として、19世紀に日本各地で爆発的な普及をみた【QR11-2】。

　庶民の子どもの教育施設であった寺子屋は、いくつかの点で近代以降の学校とは異なっ

3. 近世日本における教育と学問

【QR11-1】
足利学校

【QR11-2】
寺子屋

ている。まず、寺子屋は、師匠によって入学を許可された者（寺子）が通う組織であった。師匠になるために特段の資格が必要だったわけではなく、寺子は師匠を選ぶことができた。近代以降の学校とは異なり、教育施設としての寺子屋は師匠―寺子の人格的な信頼関係によって成り立っていた。

　2つ目に、寺子屋の学習では、子どもは自身の課題の自習が基本であり（手本を真似て文字を練習するなど、それぞれの課題が用意された）、師匠はこうした課題に取り組む子どもに一対一で個別に自習のサポートをした。机の配置もバラバラで、子どもの取り組んでいる課題もまちまちであった。明治期以降の近代学校に共通した一斉教授（教師が、同じ内容を多数の子どもに一斉に教える）の手法は採られていない。

　3つ目に、上の点と関連するが、寺子屋に通うことは、あくまで自身の生活の一部だった。子どもが農作業などの合間の時間に来てめいめいに学ぶ場だったにすぎず、「授業時間」といった固定した概念があったわけではない。また、すべての子どもが寺子屋に通ったわけではなく、地域差や身分差、男女差が存在した。

　都市のみならず地方においても、リテラシーの普及の背景には、商業の発展があった（八鍬, 2014）。リテラシーの普及には、寺子屋という教育施設の普及だけではなく、社会的な条件（商業や流通網、文化の普及など）が重要であった（ルビンジャー, 2008）。なお、「諸外国と比べ江戸時代日本の庶民の識字率は高かった」という俗説がいまだに散見されるが、近年ではこれは誤りであることが明らかにされている（岩下他, 2020, p.96）。

　初歩的な読み書き算を学ぶ場だった寺子屋に対し、18世紀末頃からは、私塾（学問塾）[5]と呼ばれた民間の学問施設が各地で開設される。私塾は、学問を講じるために師が自主的に開いた学問施設であり、高度な水準の学問を修める場であった。私塾の学問内容は儒学から洋学まで多岐にわたり、大都市のみならず地方にも私塾の開設が相次いだ。たとえば、広瀬淡窓が大分・日田に開設した私塾である咸宜園は、常時200名近い門弟が集ったとされる。

2. 武士層の教育と学習

　このような民間の教育要求に基づく教育施設の開設に対して、武士を中心とする支配者層の教育も幕府や各藩を中心として進められていった。幕府直轄の教育施設としては、1797年に東京・湯島に開設された昌平坂学問所がある。昌平坂学問所は、幕府が支援した教育施設だった湯島聖堂を前身としており、幕臣の子弟を主な入学者として、幕政に資する人材育成が目指された。

　これと同時に、18世紀後半以降から、諸藩でも、藩政に資する人材育成を目指して、藩校[6]の開設が相次いでいく。1715年までは全国で10校にすぎなかった藩校の数は、幕末期には255校にまで増加した（片桐・木村編, 2017, pp.53-54）。諸藩が極度の財政難や政治的混乱に陥るなかで、藩政を担う人材育成が目指されたのである（山本, 2014, p.42）。藩校

では、各藩の武士の子弟を中心に儒学が教えられた。諸藩で開設された藩校は、いまだに各地の高校などの名前で残っているところもある【QR11-3】。

3. 江戸時代における教育への関心の高まりの影響

　江戸時代の教育と学問は、基本的に支配者層＝武士／被支配者層＝庶民とで分けられていて、身分によって学問・教育の機会は大きく異なっていた。ただ、寺子屋、私塾、藩校のいずれの教育施設でも、手習い（寺子屋）や儒学学習における暗誦（藩校）など、「自学自習」をベースとした身体知の獲得が目指された点で共通している（山本, 2014, pp.53-55）。

　このような江戸時代の教育と学問のあり方は、明治時代にも影響を残した。特に、師とこれに集った門弟たちによって自由に学問が取り組まれた私塾は、幕末期から明治時代にかけての政治・社会の形成に大きく寄与した【QR11-4】。たとえば、緒方洪庵によって洋学が講じられた適塾、福澤諭吉によってこちらも洋学が講じられた慶應義塾、吉田松陰が開設し下級武士が集った松下村塾などの出身者は、明治期の政治改革に大きな影響を与えた。また、自由な教育機関としての私塾は、明治期に近代教育制度が整備されるなかでも、制度化された学校教育の枠外において人々の教育要求に応える場として存続していった（池田, 2014）。

　このような制度の外部における教育と学びの場は、明治期以降に学校制度が整備されていくなかでも、国家によって運営される公立学校とは異なった「各種学校」として存続することもあった（土方編, 2008）。その一部は現在でも私立大学・私立高校へと継承されている。人々の教育要求に応える自由な教育と学びの場の系譜は、現代日本における私学教育へと脈々と受け継がれているのである。

（渡邊　真之）

【引 用 文 献】

五味文彦（2021）. 学校史に見る日本――足利学校・寺子屋・私塾から現代まで――　みすず書房
土方苑子（編）（2008）. 各種学校の歴史的研究――明治東京・私立学校の原風景――　東京大学出版会
久木幸男（1990）. 日本古代学校の研究　玉川大学出版部
石橋哲成・佐久間裕之（編）（2019）. 西洋教育史（新訂版）　玉川大学出版部
池田雅則（2014）. 私塾の近代――越後・長善館と民の近代教育の原風景――　東京大学出版会
岩下誠・三時眞貴子・倉石一郎・姉川雄大（編）（2020）. 問いからはじめる教育史　有斐閣
片桐芳雄・木村元（編）（2017）. 教育から見る日本の社会と歴史第2版　八千代出版
北本正章（1993）. 子ども観の社会史――近代イギリスの共同体・家族・子ども――　新曜社
北本正章（2021）. 子ども観と教育の歴史図像学――新しい子ども学の基礎理論のために――　新曜社
木村政伸（2014）. 前近代日本における識字率推定をめぐる方法論的検討　大戸安弘・八鍬友広（編）識字と学びの社会史――日本におけるリテラシーの諸相――　思文閣出版
木村元・汐見稔幸（編）（2020）. アクティベート教育学01　教育原理　ミネルヴァ書房
ルビンジャー, R　川村肇（訳）（2008）. 日本人のリテラシー――1600-1900年――　柏書房

【QR11-3】
藩校

【QR11-4】
私塾

田嶋一（2016）．〈少年〉と〈青年〉の近代日本――人間形成と教育の社会史――　東京大学出版会
辻本雅史（2021）．江戸の学びと思想家たち　岩波書店
八鍬友広（2014）．越前・若狭地域における近世初期の識字状況　大戸安弘・八鍬友広（編）識字と学び
　　の社会史――日本におけるリテラシーの諸相――　思文閣出版
山本正身（2014）．日本教育史――教育の「今」を歴史から考える――　慶應義塾大学出版会
吉見俊哉（2011）．大学とは何か　岩波書店

（用　語　解　説）

(1)　子育て習俗：共同体で行われる子育てに関する習慣・儀礼のこと。子どもが「一人前」（もともとは一
　　人分のご膳という意味で、転じて共同体において大人として扱われるということを意味した）になることは、共
　　同体の存続に関わる重大な問題であった。

(2)　徒弟制度：親方に弟子入りし、親方と寝食をともにするなかで、親方から技術やワザを学んでいくこ
　　とを通して一人前の職人になる修行のあり方である。

(3)　リテラシー：文字の読み書きの能力のことを指す。中世までのヨーロッパでは、知識階層はラテン語
　　を用いていたこともあって、母国語を用いる庶民は知識を受容する機会は限られていた。なお、日本に
　　おいては「何をもって読み書きができると定義するか」（漢字で書けることのみを指すのか、ひらがなやカ
　　タカナも含むのか）によって識字率の意味合いが大きく変わることも指摘されている（木村，2014,
　　pp.26-27）。

(4)　寺子屋（手習塾）：江戸時代に庶民の教育機関として全国各地につくられ、簡単な読み書き算が教えら
　　れた。なお、「寺子屋」は主に上方の呼称で、全国的な庶民の教育機関を指すならば「手習塾」の方が
　　実態をよく表しているとされる（本章は、通例に倣って寺子屋と称した）。

(5)　私塾（学問塾）：塾主（師匠）によってつくられた民間の学問施設である。教えられる内容も、私塾によっ
　　て儒学や国学、洋学などさまざまで、高名な塾には全国から弟子が集った。こうした私塾は、幕末から
　　明治期にかけて政治改革を牽引したさまざまな人材を輩出している。

(6)　藩校：諸藩によってつくられた藩士（武士）の子どものための教育施設である。基本的には儒学が学
　　ばれた。入学者は、テキスト（四書五経など）の暗誦などを通して、学問を身体化させていった。藩校は
　　子どもたちがみずから学ぶ教育施設であったと同時に、諸藩にとっては藩政改革に資する人材育成の場
　　でもあった。

Chapter 12

近現代の教育

1. ヨーロッパにおける近代教育の展開

市民革命と産業革命という二重の革命は、子どもの成長のあり方を大きく変えた。まず、産業革命を通した工業化の進展は、労働者層への教育の必要性を喚起させていった。また、近代的な国民国家の成立に伴って、西ヨーロッパ諸国を端緒として、国家のすべての子どもが通う近代学校と義務教育制度が確立していった。

1. 産業革命の進行に伴う「学校」の普及

農業を中心とした経済・社会から、工業を中心とした経済・社会への転換である産業革命は、18世紀後半のイギリスから西ヨーロッパ地域に波及した。産業革命の進行は、農村部から都市部への人口移動と、工場労働者の増加をうながした。子どもも、安価な労働力として工場労働を強いられることになり、貧困状態に陥る子どもも多かった。

このなかで、産業革命期のイギリスでは、労働者の子どもを対象として、任意団体（教会など宗教系の民間団体）によって運営された日曜学校（Sunday school）が普及する。日曜学校は、工場の休日の日曜日に、簡単な読み書きと宗教教育を施すことによって、子どもの道徳心を涵養し、非行・貧困などを未然に防ぐという社会防衛的な発想のもとにつくられる。この日曜学校は、イギリスでは1803年には1万6,828校、児童数154万9,000人にまで増加するなど、爆発的に普及していった（石橋・佐久間編，2019，p.67）。ただ、この当時のイギリスでは、日曜学校をはじめとした労働者層・貧民の教育は国家・自治体の関心事ではなかった。このように教育の運営を国家ではなく任意団体などの民間に委ねる姿勢（ヴォランタリズム）は19世紀半ばまで続いた。

同時期には、多数の子どもを一斉に、効率よく教える技法が開発され、普及する。ランカスター（Lancaster, J.）とベル（Bell, A.）は、それぞれ19世紀初頭に、教師が生徒に教えるのではなく、生徒を能力別のクラスに分け、さらに生徒を10人前後の班に分けて、それぞれの班でモニターと呼ばれる比較的優秀な生徒がほかの生徒に教える助教法（モニトリアル・システム）を開発した。これは教員不足を補う安上がりで効率的な教育方法として用いられ（柳，2005，pp.36-37）、学校に「クラス」制が普及するきっかけになった。

2. 国民教育制度の構築

19世紀を通じて、児童労働は減少していった。たとえばイギリスでは、1802年の工場法によって、長時間の児童労働が制限され、子どもに教育を受けさせることが雇用主の義務になった。ただ、この法律はすぐには実効性をもたず、本格的な児童労働の制限は1833年工場法の成立を待つ必要があった（尾上編, 2018, p.61）。19世紀を通じた近代教育の普及・確立の過程で、子どもは教育される存在として学校・家族へと囲い込まれていった。それは同時に、国民教育を通して国家に「国民」として組み入れられていく過程でもあった。

西ヨーロッパ諸国では、19世紀中盤以降から国民教育制度が構築されていく。イギリス（イングランド）では、貧困の子どもも含めたすべての子どもを対象とした国民教育制度が、1870年に制定された基礎教育法（フォスター法）によって構築される。この法律では、任意団体による学校の設置を認めつつ、これまで学校がなかった地域や学校数の足りない地域を対象に新たな学校をつくることが定められた。こののち、19世紀末にかけて12歳までの子どもの強制就学と教育の無償制が導入され、すべての子どもの基礎教育を保障する国民教育制度が構築されていく。ドイツでは、1830年代から公教育の義務化・無償化が進行し、1872年には学校監督権が教会から国家に一元化される。フランスでも、1833年の初等教育法（ギゾー法）によって各市町村に小学校の設置が義務づけられ、1881年には公立小学校・幼稚園の無償化、1882年には就学が義務化された（尾上編, 2018, p.73）。このように、西ヨーロッパ諸国では19世紀を通して、国家による一元的な教育・学校管理が進められていった。

ただ、二種類の中等教育、すなわち高等教育の入り口として用意された上流階級のための中等教育と、初等教育の次の段階として庶民に提供された中等教育（第11章）という区別は、簡単には消えなかった。中等教育段階ですべての子どもが同じ種類の学校に通う学校体系が実現したのは、たとえばイギリスでは総合制中等学校（comprehensive school）が普及する1960年代に入ってからであった。

2. 日本における近代学校の誕生と展開

日本における近代公教育制度は、西洋のそれを導入することによって誕生した。教育・学校のしくみを西洋式に、教育内容も儒学（朱子学）から洋学に変化するなど、教育のありようは大きく転換した。政治・社会の急速な転換期にあって、近代教育制度の成立と展開は、子どもや人々の生活にも大きな影響を与えた。

1. 日本における近代教育のはじまりと確立

日本における近代教育のはじまりは、1872（明治5）年9月5日（陰暦では8月3日）に発

布された学制[1]と、学制の趣旨を示すためにその前日に布告された「学制布告書」に求めることができる。学制は、近代的な教育制度の創設を示した日本ではじめての法令であり、全国各地での学校設立の計画が打ち出されていた。具体的には、地方教育行政単位として学区制が採用され、全国に8つの大学区を設置し、各大学区に32の中学区を設置、さらに各中学区に210の小学区を設けた。つまり、全国で大学8校、中学校256校、小学校は5万3,760校を設置する計画を打ち出したのである。ただ、こうした学校設置計画は非現実的なもので、実際には小学校は2万5,000校ほどしかつくられなかった。

学制の前文に当たる「学制布告書」は、近代教育を重視する当時の政府の教育理念が示されており、人々が読みやすいように漢字とひらがなで記されていた。学制布告書では、立身出世的な教育観（「学問は身を立つる財本」）が打ち出されるとともに、すべての国民に平等に教育の機会を与えること、基礎学力の習得と西洋の近代科学を重視することが示された。西洋諸国に遅れて近代化を目指した日本において、近代教育の整備とは、人権の保障ではなく、西洋の文明・科学技術の受容による近代国家建設事業の一環でしかなかった。

国家による近代教育の整備はあくまで国家レベルでの必要性によるものでしかなく、学校も近代教育制度も庶民にとってはまったくなじみがなかった。むしろ、授業料の徴収などの経済的負担が増え、庶民の学校への不信感は大きかった。徴兵や地租改正といった新政府への不満も相まって、全国で学校焼き討ち（学校打ち壊し）事件が頻発した。

新政府の教育をめぐる方針も二転三転した。非現実的だった学制に代わって、1879年9月には教育令（自由教育令）が公布され、学齢期児童の最低就学年数の短縮や各地方それぞれの実情に合わせた教育・学校の運営が認められた。ただ、結果的に就学率が上がらなかったこともあって、1880（明治13）年12月には教育令を改正する（改正教育令）。改正教育令では、子どもを学校に就学させる義務を親に課したほか、国家による学校の運営・教育内容の管理を厳格化し、国家道徳としての修身を教科の筆頭に置いた。

1886年には、初代文部大臣森有礼によって、いわゆる「諸学校令」（帝国大学令、中学校令、小学校令、師範学校令）が相次いで制定される。小学校令では小学校を尋常小学校と高等小学校の2段階に分け、中学校令では中学校を尋常中学校と高等中学校の2段階に分けた。帝国大学令では、帝国大学を国家のための教育・研究機関として位置づけた。また、師範学校令では、教員養成機関として師範学校（尋常師範学校、高等師範学校）が設けられ、国家に資する教育を行うための教師の養成が目指された【QR12-1】。

こうして新しくつくられた学校では、西洋の科学技術をもとにした自然科学や数学を教えることが重視された。教育方法の面では、寺子屋のような師匠─寺子の信頼関係に基づく個別学習から、教師─生徒関係に基づく一斉教授が採用され、一人の教師が多数の子どもに同一の内容を教授することが一般的になる。さらに学校は、知識を教授するだけでなく、整列や行進、号令などを通して、子どもに規律を身につけさせる場としても機能した（森，1993）【QR12-2】。1891（明治24）年には、「学級編制等ニ関スル規則」が公布され、試

2. 日本における近代学校の誕生と展開

【QR12-1】
学校体系図

【QR12-2】
小学教師必携
補遺

験の成績を基準として進級する等級制に代わって、児童数を基準として編制される学級制が導入される。学級制の導入によって、学校の教室は同じ年齢の子どもが「同級生」として、一斉に同じ教室で学び、集団で生活する場へと変化していったのである。

2. 天皇制教育・国民教育の推進と戦時中の教育

　1889 年 2 月に発布された大日本帝国憲法では、近代国家としての政治体制が整えられたが、国家統治における天皇中心主義が明確に打ち出され、議会の権限は弱く、国民の人権は著しく制限された。大日本帝国憲法下では、議会での議論を経た法律ではなく、天皇の勅令によって教育のあり方が定められた（勅令主義）。このなかで、天皇を中心とした教育（天皇制教育）が推し進められていく。1890（明治 23）年 10 月 30 日には、「教育ニ関スル勅語（教育勅語）」[2]が発布された。教育勅語には、天皇の祖先が日本をつくったこと、天皇を中心とした道徳が謳われ、非常時には国民が天皇のために命を懸けて尽くすことなどが記された。教育勅語は、謄本（コピー）が全国の学校に配布され、各学校の儀式・行事などに際して読まれ、広まっていく【QR12-3】。教育勅語は、1891 年の内村鑑三不敬事件などに象徴されるように、教師、子ども、学校現場を拘束しながら、教育の場における天皇の権威を強化させていった。

　これと並行して、国家のすべての子どもが学校に通い、国家の構成員としての国民を創出する国民教育は 1900 年代に完成をみる。1900 年の小学校令（第 3 次小学校令）では授業料無償の原則が謳われ、4 年制に統一された尋常小学校に通うことが義務となり、ここに日本における義務教育制度が完成する（1907 年には義務教育年限は 6 年に延長される）。また第 3 次小学校令では国語科が設立され、1903 年には修身、日本歴史、地理、国語の国定教科書制度も実現する。たとえば、同年に文部省が編纂した国語教科書『尋常小学読本』は、冒頭は「イエ・エダ・スシ・イシ」から始められている（通称『イエスシ』読本）【QR12-4】。1900 年代には小学校就学率も 90％を超え、国民教育が確立していくものの、標準語教育を通した日常語の統一と方言の排除も進行していった。

　この一方で、1910 年代から 20 年代にかけての大正デモクラシー期には、政党政治が行われ、1925 年には普通選挙法が公布されるなど、自由主義的な政治が一時的に登場した。また同時期の工業化・資本主義の発展は、東京などの都市部において、一定程度の財産があり教養がある社会階層としての新中間層を誕生させた。子どもに残すべき土地や財産をもたなかった新中間層は、父親が外で働き、母親が家庭内で家事や子育てを行うという性別役割分業に基づいて、子どもに高い学歴を享受させようとした「教育する家族」であった（広田, 1999）。この時期には、こうした新中間層の母親を対象とした育児書や受験案内書などが数多く登場した。ただし、このような「教育する家族」のあり方はごく一部にとどまり、貧しかった農村や都市下層部では子どもや教育に関心をもつ親はまだ少なかった。

　このような大正デモクラシー期に、都市部を中心に新しい学校教育を求める運動が生じ

【QR12-3】
教育勅語

【QR12-4】
『イエスシ』
読本

る。一斉授業による画一的・詰め込み的な教育を行う公立学校に対して、子どもの個性や自由を尊重する自由教育が私立学校や師範学校附属小学校を中心に実践されていった。こうした学校の新設や教育実践、教育家の活動・運動は、大正自由教育運動（大正新教育運動）と総称される。たとえば、澤柳政太郎によって1917年に設立された成城小学校では、時間割の廃止などを通して、子どもが自主的に個別学習を行い、みずからの関心に基づいた学習に取り組める環境がつくられた（山本，2014, pp.231-32）。また、明石女子師範学校附属小学校の及川平治は、「分団式教育」と呼ばれる一種のグループ学習を組織した。このように、大正自由教育運動では、子どもの自発性を尊重する教育実践が取り組まれた。ただ、大正自由教育運動は、都市部の新中間層の教育要求を基盤とした面もあり、地方や公立学校にはほとんど広がらず、1930年代を迎えると下火になってしまう。

　1930年代には、昭和恐慌以来の不況にあえぐ農村部を中心に、大正自由教育運動を批判的に継承して新しい教育運動が生まれてくる。生活綴方運動[3]では、被教育的存在としての子どもではなく、生活者としての子どもに着目し、子どもが日々の暮らしで経験したことをありのままに文章や詩に綴ることが実践された。貧困や封建的な地域社会・家庭などのリアルな生活を文章に表現させることを通して、子どもが厳しい生活のありようを対象化することで、これを乗り越えていく力を子どもに涵養することが目指された。ただ、生活綴方運動に関わった教師たちも治安維持法によって検挙され、運動自体が弾圧されてしまう。

　1940年代前半には、戦争を中心とした教育や子どもの生活へと変わっていく。総力戦体制の構築によって、自発的に戦争に参加する国民の育成が学校で目指されるようになった。1941年3月には国民学校令が公布され、皇国民（天皇制国家の民）の「錬成」を目的として、小学校に代わって国民学校が設置された。国民学校の児童は「少国民」と呼ばれ、戦争ごっこを行う「軍国少年」が登場するなど、子どもも積極的に戦争に加担するしくみがつくられていく。ただ、戦況が悪化すると、学童疎開（子どもの地方への集団疎開）や、学生・生徒を強制的に労働させる勤労動員、学生を徴兵する学徒出陣などが行われた【QR12-5】。

3. 戦後日本の学校と子ども

　1945年夏の敗戦から、連合国による占領統治のもと、日本は政治や経済、教育の分野を中心とした戦後改革を行っていく。教育では、戦前・戦中期の天皇制教育の反省に基づいて、民主主義の教育へと転換が図られていった。民主主義の教育への転換とその実質化の過程では、教育労働運動・民間教育運動をはじめ、教師たちの自主的な教育研究・教育運動が大きな役割を果たした。

【QR12-5】
戦中期の子ども
と学校

1. 戦後教育改革の理想と多様な教育実践

　戦後においてまず取り組まれたのは、天皇制教育・軍国主義教育を排除することだった。敗戦直後には、文部省の指示のもと、子どもが教科書の軍国主義的な記述に墨を塗ることが行われた（いわゆる墨塗教科書）。ただ、本格的な民主主義教育への転換は、新しい法制度の整備のあとに行われる。

　教育制度における民主主義教育への転換は、米国の施政下で 1946 年 11 月に公布された日本国憲法において、教育が規定されたことに現れた。日本国憲法第 26 条では、国民の教育を受ける権利が明記され、義務教育を無償とする理念が提示された。この日本国憲法の精神に基づいて、1947 年 3 月に教育基本法[4] が制定された。教育基本法では、教育の目的として「人格の完成」を目指すこと、平和国家の樹立に向け真理と正義を愛する国民の育成を目指すことが掲げられた。国家や天皇のための天皇制教育から、個人の権利としての教育への転換が明確に示されたのである。また、法制度上の教育の位置づけも、天皇の命令（勅令）ではなく、国会での議論に基づいた法律に則るように転換した（法律主義）。なお、1948 年には教育勅語の排除・失効が国会で議決されている。

　教育基本法と同時に制定された学校教育法[5] では、単線型の学校体系を一元的に規定し、6-3-3-4 制を導入した。男女等しくすべての国民に開かれた学校体系を整備し、小学校6 年間に加え中学校 3 年間を義務教育と定めた。従来の学校体系を新学制へと移行させ、国民学校を小学校に改め、新制中学校・新制高等学校を創設した。また、教育委員を投票で選出する公選制の教育委員会制度も導入された。

　民主主義教育への大転換は、以上のような法制度のみならず、教育実践・教育内容でも生じた。学校では、民主主義をどのように教え、徹底させるのかという課題が登場し、各地の教師たちによってさまざまな教育計画や教育実践が取り組まれた。こうした戦後の新しい教育のあり方は戦後新教育と呼ばれた。戦後新教育では、子どもの実生活における経験や関心をもとにして、子ども自身による調査や探究を通して社会や政治、経済を学んでいくことが理想化された。このような戦後新教育の理念を教育現場において具体化する手がかりとして、1947 年には学習指導要領（試案）がつくられる。ここでは、国家による教育内容の管理ではなく、試案をもとにした各地域や学校単位でのカリキュラムづくりが期待されたのである。また、戦後新教育の理念を体現する新たな教科として社会科が設けられた。

　なお、民主主義教育への転換は、教員養成制度も大きく変えた。従来の師範学校による独占的・閉鎖的な教員養成ではなく、さまざまな専門分野の学知をもつ人物を教員にするため、所定の単位を取得すれば私立大学においても教員免許が取得できる開放制教員免許制度が整備された。

2. 1950年代における教育と学校

　1950年代には、教師たち自身によって多様な教育研究が行われたほか、教育労働運動や民間教育運動がさかんになった。教育労働運動では、1947年6月に日本教職員組合（日教組）が結成され、教職員の勤務条件や労働権獲得の活動が取り組まれた。1951年11月には、全国の教師が集い教育について議論する教育研究全国集会が開催されるなど、教育研究活動も積極的に取り組まれた（広田編, 2020）。また、全国各地で教育実践の成果を交流し議論するサークルが教師によって自主的につくられ、自分たちで教育の研究・実践に取り組む民間教育運動もさかんになり、教師たちがみずからの教育実践や子どもの成長を記録した教育実践記録も多数出版された。特に、山形県山元村（現・上山市）の中学校教師だった無着成恭が1951年に刊行した、クラスの子どもの生活綴方をまとめた文集『山びこ学校』[6]は、教師のみならず多くの人に読まれるなど大きな反響を呼んだ。この時期に再興する生活綴方運動をはじめ、1950年代前半には多様な民間教育運動が発足し、教師たちによる自主的な教育研究や意欲的な教育実践がさかんに取り組まれた。

　この一方で、1950年代には政府・文部省による教育政策の転換が行われる。1954年には教育の政治的中立や教師の政治活動の制限などを盛り込んだ教育二法が成立し、政府・文部省による教育の中央集権化と管理の強化の姿勢が明確になった。1956年には地方教育行政法が成立し、公選制だった教育委員が任命制へと変わったほか、1957～58年には地方自治体による教員評価・管理を進める勤務評定（勤評）[7]の方針が打ち出される。また、1958年に学習指導要領が法的拘束力をもつものとして規定され、「道徳」の特設が強行された。戦後教育改革を否定し、教育現場の管理を強化するような教育政策の転換は当時「逆コース」とも呼ばれ、日教組をはじめとした教育労働運動・民間教育運動はこうした動きに強く反発した。

　このように1950年代には、戦後改革を経た学校教育が日本社会に定着していく。一方で、学校教育から排除された人もいた。民主主義教育の基礎となった教育基本法においても、教育の対象を「国民」に限定したことによって、旧植民地出身の人々の教育を受ける権利は顧みられないでいた（小国, 2007）。また、働かなくてはならず、昼間の学校に行けない子どもや青年の学習権保障のために開設された夜間中学は、「あってはならないが、なくてはならない学校」として、制度化された学校の周縁に組み入れられていった（江口, 2022）。

3. 高度経済成長期における学校と子ども

　高度経済成長期（1950年代後半～70年代前半）には、重化学工業化の進展に伴い、産業基盤が第二次産業へと移行する。生業をもつのではなく、企業に雇用されて働くことが中心になる企業社会体制が確立されていき、学校から職業社会への移行の過程で、学校に通う

こと・学校を卒業することが不可欠になる学校化社会が形成されていく（木村，2015）。1960年代前半までは中学校を卒業して就職する割合が高かったが、1960年代半ばからの高校進学率の急上昇により、高校が大衆化していく（現代とは異なり、商業高校、工業高校の人気があったのもこの頃である）。中学浪人（高校合格を目指した浪人生）も続出するほどの受験競争の激化は「受験戦争」とも称され、学校内部での生徒同士の競争も激化していった【QR12-6】。他方で、地方では離農が進み、地方の中卒者が仕事を求めて都市部へと流入する集団就職が行われた。地方の学校は、経済成長に組み入れられつつその周縁に置かれたことで、安価な労働力供給の役割を結果的に担わされることになった【QR12-7】。

　1960年代の教育内容をめぐって、文部省は科学技術・理数系の教育を重視し、知識の系統的な教授を重視する一連のカリキュラム改革を進めた（「教育の現代化」運動）。これに対し、当時の教育学・教育運動の側も、子どもの生活や経験を重視する教育活動ではなく、教科教育を通した系統的な科学的知識の教授へと方針を転換させていった。こうした教育学・教育運動の方針転換の背景には、都市化と大衆消費社会化が進展するなかで、従来の生活綴方運動のように、貧困や地域社会・家族の封建性といった子どもの生活に共通する課題に依拠して教育実践を組み立てることが難しくなっていったことがあった（奥平，2016）。

　このなかで、川崎市の小学校教師だった阿部進は、1960年代初頭に、テレビやマンガなどのマス・コミを通して消費文化をいち早く受容したり、安保闘争に参加したりする都市の子どもの姿を「現代っ子」[8]と形容し、この言葉は一躍流行した。1960年代は、学校を経由して職業社会に参入することで大人になる学校化社会が形成されたと同時に、消費に参加することを通して大人になる「消費者としての子ども」が本格的に誕生した時代でもあったのである（渡邊，2021）。

　ただ、地方と都市の格差はまだまだ大きかった。都市部では、「現代っ子」たちが貸本屋でマンガや雑誌を読んだりテレビに親しんだりした一方で、進学競争の激化に伴い塾通いをする子どもも増え、子どもの習い事や小学校受験を目的にした幼児の早期教育も注目を集めた。これに対して、経済成長の周縁に置かれた地方では、子どもは自然のなかでのびのび遊んだ一方で、農山村では子どもの教育に関心をもつ親はまだまだ少なく、学校の設備も貧弱なままであった【QR12-8】。高度経済成長期には、同じ「日本」の同じ「学校」体系のなかにあっても、地域によってまったく違う学校経験と子ども期があったのである。

（渡邊　真之）

【引用文献】

江口怜（2022）. 戦後日本の夜間中学——周縁の義務教育史——　東京大学出版会
広田照幸（1999）. 日本人のしつけは衰退したか——「教育する家族」のゆくえ——　講談社
広田照幸編（2020）. 歴史としての日教組（上）　名古屋大学出版会

Chapter 12　近現代の教育

【QR12-6】
受験戦争

【QR12-7】
村を育てる
学力

【QR12-8】
山の分校の
記録

石橋哲成・佐久間裕之編（2019）．西洋教育史（新訂版）　玉川大学出版部

木村元（2015）．学校の戦後史　岩波書店

小国喜弘（2007）．戦後教育のなかの〈国民〉――乱反射するナショナリズム――　吉川弘文館

森重雄（1993）．モダンのアンスタンス――教育のアルケオロジー――　ハーベスト社

奥平康照（2016）．「山びこ学校」のゆくえ――戦後日本の教育思想を見直す――　学術出版会

吉田武男（監修）・尾上雅信編（2018）．西洋教育史　ミネルヴァ書房

渡邊真之（2021）．1960 年代の子ども研究における消費の位置――子ども調査研究所による子ども研究の射程――　教育学研究 88(1), 27-39

山本正身（2014）．日本教育史――教育の「今」を歴史から考える――　慶應義塾大学出版会

柳治男（2005）．〈学級〉の歴史学――自明視された空間を疑う――　講談社

用 語 解 説

(1) **学制**：学制は、1872 年に発布された法令で、学区や小学校・中学校・大学から構成される学校体系を定めていて、各地での学校設置を計画していた。学制の前文として布告された学制布告書では、人々に近代教育の理念を平易に説いていた。なお、学制は 1879 年の教育令によって廃止された。

(2) **教育ニ関スル勅語（教育勅語）**：1890 年に発布された天皇の勅語（法令ではなく、あくまで天皇の発言）のこと。天皇を中心とした国家のありようが説かれ、教育の基盤に天皇を中心とした国家道徳が置かれた。教育勅語は戦前・戦中期に推進された天皇制教育の中核になった。なお、1948 年には国会で排除・失効が議決された。

(3) **生活綴方運動**：1920 年代半ばから農村部を中心に展開した教育運動のこと。当時国定教科書のない唯一の科目だった国語科の綴方（現在の作文）の時間に、教師が子どもに自由に生活を綴らせたことから始まる。貧困や封建性にあえぐ生活を子どもに綴らせ、読みあうことを通して、貧しい生活を乗り越える力を身につけさせようとしていた。

(4) **教育基本法**：1947 年 3 月に公布された、戦後の教育に関する全 11 条で構成された基本法（基本方針が示された法律）のこと。教育が「人格の完成」を目指すものとして規定され、日本国憲法に則る個人の権利に基づく教育への転換が宣言されている。なお、教育基本法は 2006 年に改正された。

(5) **学校教育法**：1947 年 3 月に公布された、学校教育制度の基本を定めた法律のこと。初等教育段階は共通しながらも中等教育段階以降で分岐する戦前からの複線型の学校体系に代わり、6-3-3-4 制の単線型の学校体系を定めた。学校教育法の施行によって、1947 年 4 月から国民学校は小学校へと名称が変わり、新制中学校が誕生した。

(6) **『山びこ学校』**：1951 年に山形県の中学校教師・無着成恭によって出版された生活綴方の文集。厳しい生活のなかで懸命に生きる子どもの姿は、教師のみならず多くの人に絶賛され、1950 年代の生活綴方運動や民間教育運動に大きな影響を与えた。ただ、その後無着は東京の明星学園に転出し、生活綴方から科学的・系統的な知識教授へと方針を転換していく（奥平，2016）。

(7) **勤務評定（勤評）**：文部省や自治体によって進められた教員の評価のこと。いち早く勤評が導入された愛媛県の事例のように、悪化した地方財政の改善を名目として行われたが、行政による事実上の「組合潰し」としても用いられ、日教組による激しい反対運動が行われた。

(8) **現代っ子**：1960 年代初頭に川崎市の小学校教師だった阿部進の著作『現代子ども気質』（新評論社、1961）を契機として誕生した造語。テレビやマンガなどの消費文化に親しみつつ、独自の子ども集団を形成している都市の子どもを阿部は「現代っ子」と形容し、この言葉は爆発的に普及した。

Chapter 13

現代社会と教育の課題1
教育政策と学校現場の問題の変遷

　1980 〜 1990 年代の日本の社会は経済的発展を遂げて先進国と同水準に達した。それを支えたのが日本の学校教育であると国際的に評価を獲得したのである。一方で、学校現場では以下にみるような、いろいろな問題が表出してきた時期でもあった。

1. 学校教育の方針の転換：学校教育の光と影

　1980 年代は日本の学校教育の方針が転換した時期であった。

1. 学校教育の光：国際的評価を獲得した教育成果

　日本の社会は戦後の混乱を乗り越え 1970 年代までの高度経済成長期を経て、1980 年代初頭には対米輸出の急増により、世界最大の貿易黒字国になった。米国の社会学者エズラ・ヴォーゲルは『ジャパン・アズ・ナンバーワン』(1979) で、戦後からの日本の高度経済成長の要因を分析し、日本の経済的成功は、日本式の学校教育が人材育成を支えていると欧米諸国から高い評価を得たことを指摘した。

（1）高等教育の進学率の向上と国際的評価
　欧米諸国から高い評価を得た 1960 〜 1970 年代（1958 年版学習指導要領下である）の日本の学校教育は、教育内容の現代化[(1)]の方針のもとに、教育内容が増加され、各学校での総授業時間数もピークを迎えるなど、児童生徒に多くの知識を定着させることが強く目指された時期であった。

　日本の学校教育の成果を裏づけたのが、この時期に実施された国際学力比較調査結果の好成績である。国際教育到達度評価学会（略称 IEA）によって行われてきた国際数学教育

表 13-1　IEA 国際数学教育調査結果（第 2 回　中間報告値　中学生）(河村, 2010)

順位	算　　数		代　　数		幾　　何		確率・統計		測　　定	
1	日本	60.3	日本	60.3	日本	57.6	日本	70.9	日本	68.6
2	オランダ	59.3	フランス	55.0	ハンガリー	53.4	オランダ	65.9	ハンガリー	62.1
3	ベルギー	58.0	ベルギー	52.9	オランダ	52.0	カナダ	61.3	オランダ	61.9
	カナダ	58.0								

数字は平均正答率
文部省編『我が国の文教政策　平成元年度』より作成

調査の第 2 回（1980 年度実施：略称 SIMS）では、日本は中学校では 1 位、高校では 2 位の結果を収めた。中学校の領域別の詳細は表 13-1（河村，2010）の通りである。

また、1974 年に高校進学率が 90% を超え、1980 年代には大学・短大・専修学校を合わせて、高等教育進学率は 50% を超え、日本は高学歴社会になった。

(2) 学校教育の影：学校現場でのひずみの表出

日本の学校教育の国際的な高い評価の影で、社会の高学歴化は、大学・高等学校への過度の受験競争を生起させた。高等学校以下の教育のあり方も、受験のための知識を詰め込むことに偏る傾向を帯び、さらに、塾通いの増加や受験競争の低年齢化など、多くの子どもたちは受験勉強に過度に取り組むことになったのである。このような状況のなかで、学校現場では、1970 年代までの学校教育の展開のマイナス面が、続々と明らかになってきた。授業についていけない「落ちこぼれ」などの学習面の問題のみならず、1970 年代半ば以降、「校内暴力」「不登校」「いじめ」「学級崩壊」など生徒指導面にも関連する、学校教育のあり方を問う問題が表出してきたのである。1980 年前後には、全国の中学校・高校において頻発した校内暴力がピークを迎えた（図 13-1）（河村，2010）。

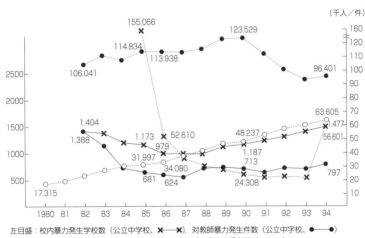

図 13-1　問題行動の推移 （河村，2010）

これらの問題に対して、国内では、その発生原因は日本の学校教育のあり方にあるという社会的批判が高まった（藤田，1997）。たとえば、受験競争のプレッシャーとゆとりのない画一的・管理的な教育、その影響を受けた子ども同士の人間関係の歪みが大きな要因である、などの批判を受けた。このような風潮は、日本の学校教育のあり方そのものの問い直しを迫るものとなっていった。

1．学校教育の方針の転換：学校教育の光と影

2. 学習指導要領の大きな転換：系統主義から経験主義へ

1958（昭和33）年版学習指導要領施行からの20年間は、1955年から1970年半ばのあいだの高度経済成長期と重なり、スプートニク・ショックから米国が科学教育の重点化と能力主義再編成を志向した影響を受け、日本も系統主義的な学習指導を展開した時期であった。学習内容の系統性が強調され、地理・歴史等において系統的に教授することが求められ、さらに、基礎学力の充実、科学技術教育の重視がうたわれて、学校教育は推進された。日本の学校教育の国際的な高い評価は、このような取り組みの成果と考えられたのである。

しかし、このような学校教育のあり方が、全国的な「校内暴力」「不登校」「いじめ」「学級崩壊」などの発生により、大きく転換したのである。大きく転換した指針は、以降の学習指導要領によって示された。

（1）1977（昭和52）年版学習指導要領

前の学習指導要領とは反対に、教育課程の現代化への批判が高まり、「ゆとり」と「精選」が強調されて、学習内容は1割削減され、各教科の標準授業時間数も削減された。教育現場では授業についていけない「落ちこぼれ」の児童生徒の問題が表面化し、その対策の面もあり、学問中心から人間中心へと教育課程を転換したのである。知識の系統的な教授から、児童生徒の体験を重視した経験主義的な教育への転換である。

（2）1989（平成元）年版学習指導要領

1977（昭和52）年版の学習指導要領をさらに一歩進めて、個性重視と新しい学力観が提唱された。従来は定型的な知識を重視する傾向にあったが、新しい学力観は、生きる力、みずから学び考える力、問題解決能力などを重視するものである。小学校1、2年生に生活科[2]が新設され、個性を伸張させる教育の重要性が強調された。中学校では「生き方」について自覚を深める道徳性の育成に配慮がなされた。

このような転換で、学校教育のあり方の改革につながった「校内暴力」「不登校」「いじめ」「学級崩壊」などの問題はどうなったのであろうか。次節でそれぞれについて解説する。

2. 学校教育の課題：反社会的から非社会的な問題へ

1980〜1990年代の学校教育の問題には、少年による暴力的、反社会的非行の発生の第3の波（1983年が暴力・反社会的非行発生件数のピーク）もある（第2波は高度経済成長の流れに取りこぼされた少年を中心にしたもので、1964年がピーク）。第3の波の非行はファミコン等のゲームがブームとなった時期で、遊びの延長のような万引きや自転車窃盗等が多くなり、「遊び型」の非行現象といわれた。

1. 校内暴力

　校内暴力とは、市町村教育委員会の集計する暴力行為のうち、学校内で発生した「対教師暴力」「生徒間暴力」「対人暴力」「器物損壊」を合わせたものである。1970 年代後半から 1980 年代前半にかけて、日本各地の多数の中学校と一部の高等学校で発生した。1980年代後半に入って減少し始め、1986 年を底にその後比較的落ち着いて推移した。だが、バブル崩壊後の 1993 年あたりから校内暴力は急激に増え始めたのである。

(1) 1980 年代前半までの校内暴力

　校内暴力は一貫して小学生・高校生よりも中学生が多い。高校進学率が 90% を超えたこの時期、思春期の中学生たちの高校受験のプレッシャー、高校進学ができない生徒たちの鬱憤が、学校の管理教育体制やそれを推進する教師、学校生活全体への暴力による反発となっていった面が想定される。具体的な行動としては次のようなものがあった。

　<対教師暴力>　教師の胸ぐらを掴む・顔面を殴る、椅子を投げつける／卒業式の最中や前後に不良グループの生徒たちが厳しい指導をした教師を殴る　など

　<生徒間暴力>　他の中学校の不良グループの生徒たちが学校に乗り込んできて乱闘する／上級生の不良グループの生徒たちが生意気な下級生に集団暴行する　など

　<器物損壊>　トイレのドアや便器を故意に破壊する、窓ガラスを割る／校内の至るところに補修を要する落書きをする　など

　<対人暴力>　校舎の屋上から通行人めがけて水風船やゴミなどを投げつける／2、3階の教室の窓から、学校への来客者に椅子を落とす　など

　このように集団化した不良グループの生徒たちの犯罪に近い暴力行為が日常的に行われ、正常な授業や集団活動の成立も難しく、学校の教育機能がマヒするような状況に陥ったのである。

(2) 1980 年代後半からの校内暴力への学校側の対応

　1980 年に当時の文部省は、校内暴力の増加や非行の低年齢化を是正するために「児童生徒の非行の防止について」の通達で、校内の全教師が一体となって生徒指導に取り組むように指示を出した。さらに、翌年には、「生徒の校内暴力等の非行の防止について」の具体的な対応策を示した。次のようなものである。

　・授業時間に当たっていない教師が交替で校内を巡視する

　・昼休みや下校時等にパトロールを行い、生徒を観察して指導する

　校内暴力への学校側の対応は、教師の管理教育による生徒への徹底した指導が行われた面があった。このような学校側の対応のもと、1985 年頃から校内暴力の発生件数は低下してきた。だが、学校現場では児童生徒を管理する指導が根強く残ったのである。

(3) 1990 年代の校内暴力：校内暴力からいじめや不登校問題へ

　1980 年代前半の非行集団化した生徒たちによって主導されることが多かった校内暴力

は、1990年代に入ると組織化されたものではなく、個人的で無秩序な、幼児的な欲求不満の爆発のようなものになってきた。たとえば、1980年代前半までの学校設備への破壊行為は、教師たちや他の生徒たちに見せつけるように、顕示的に行われることが多かった。それに対して、1990年代の学校設備への破壊行為は、隠れて行われることが多くなったのである。

さらに、1990年代後半以降、小学校においても暴力行為が多発するようになり、この時期から、暴力行為の調査対象として小学校も加えられるようになった。

次項に示すように、1980年代後半以降、学校に生起する大きな問題は、校内暴力に代わって、いじめ問題や不登校などに変わった。

2. い じ め

1980～1990年代にかけては、日本だけではなくイギリス、カナダ、オランダ、米国などの国々で、生徒間のいじめの問題が社会的関心事となり、それぞれの国で研究や対応が始まった（Olweus, 1993；松井他訳, 1995）。この時期の日本のいじめも特有の傾向があった。

(1) 1980年代のいじめの特徴

1980年代後半に校内暴力は減少したが、暴力系のいじめが潜在化した（向井, 2010）。校内暴力といじめの背景・要因にはストレスがあると考えるならば、いじめは、校内暴力の形を変えた顕在化である（森田, 2010）とも考えられる。そこで、文部省は1985年から「児童生徒の問題行動等生徒指導上の諸問題に関する調査」で、「暴力行為」とは別に「いじめ」の項目を設けた。

このようななかで、1986年に東京都中野区の男子中学生がいじめを苦に自殺する事件が起こるなど、立て続けにいじめ事件が起きた。1986年の「児童生徒の問題行動等生徒指導上の諸問題に関する調査」からは、いじめの定義をして実態を把握することになった。これがわが国最初のいじめの定義となった。

この時のいじめの定義は、「①自分より弱い者に対して一方的に、②身体的・心理的な攻撃を継続して加え、③相手が深刻な苦痛を感じているものであって、④学校としてその事実（関係児童生徒、いじめの内容等）を確認しているもの」であった。

(2) 1990年代のいじめの特徴：いじめ問題の変容

1990年代も後半になると、より心理的ないじめを中心とするものや、いたずらやトラブル程度にしか見えない事件など、従来の学校側の努力では見えにくいいじめが増えてきた。1994年度の調査からはいじめの定義が変更され、これまであった「学校としてその事実（関係児童生徒、いじめの内容等）を確認しているもの」という内容が除外された。さらに、「個々の行為がいじめに当たるか否かの判断を表面的・形式的に行うことなく、いじめられた児童生徒の立場に立って行うこと」という内容がつけ加えられた。いじめの定義[3]の変更は、いじめが見えにくいところで発生しており、その見えにくくなっている実

態に対応するものであったのである。

（3）「いじめ防止対策推進法」（2013 年）以降のいじめ問題

2000 年以降もいじめ問題は増加し、2013 年には教育行政や学校に実効性のある対応を迫った「いじめ防止対策推進法」が成立・施行された。この法律では「いじめ」とは、児童等に対して、当該児童等が在籍する学校に在籍している等当該児童等と一定の人的関係にある他の児童等が行う心理的又は物理的な影響を与える行為（インターネットを通じて行われるものを含む）であって、当該行為の対象となった児童等が心身の苦痛を感じているものをいう、と児童生徒の視点を重視して定義された。

しかし、くり返されるいじめ問題は改善されず、「児童生徒の問題行動・不登校調査」（文部科学省）の 2022 年度の結果では、いじめは小中高などで約 68 万 2,000 件が認知され、被害が深刻な「重大事態」は 923 件。いずれも過去最多となった。特に、インターネット上におけるいじめおよび嫌がらせである「ネットいじめ」の対応は喫緊の課題となっている。

3. 不 登 校

児童生徒が学校に登校しない・できないという問題は、1960 年代後半に「学校恐怖症」としてはじめて問題化し、1970 年代に入ると急増した。当時は、子育ての問題による子どものわがままや母子分離不安などの精神的な病気、学校教育制度に対する反発から学校に行っていない状態だととらえられており、「登校拒否」という用語が用いられていた。

1980 年代末、「子どもの人権」の問題を取り扱う法務省人権擁護局は、「登校拒否」の概念にあてはまらない児童生徒もみられてきたことから、「登校拒否」という用語（呼称）を、その状態を広くとらえた「不登校」に変え、不登校児の学校に行けなくなった原因・置かれている状況・意識およびその人権の状況の調査を実施した（法務省人権擁護局編, 1989）。以降、「不登校」という言葉が広く用いられることになっていく。

なお、「不登校児童生徒」とは「何らかの心理的、情緒的、身体的あるいは社会的要因・背景により、登校しないあるいはしたくともできない状況にあるために年間 30 日以上欠席した者のうち、病気や経済的な理由による者を除いたもの」と、文部科学省は定義している。

（1）特別な子どもの問題からすべての子どもの問題へ

不登校問題のなかには、登校はしているものの、学校回避感情をもつ「不登校のグレイゾーン」の多くの児童生徒の存在も含まれる（森田, 1991）。1992 年に文部省は通知で,「登校拒否はどの児童生徒にも起こりうるものである」との認識を示した（文部省, 1992）。

また、不登校は学校に不適応になっている状況であるといわれるが、実際は、児童生徒はまず所属する学級集団に不適応になる。1990 年代に入ると、心理面・社会面の課題を抱えた児童生徒が多い場合に、学級集団の形成が困難になる状況が小学校でも表出してき

た。不登校・いじめ問題の対応とあわせて、難しくなってきた学級集団の形成の改善が求められてきたのである。そこで、学級に所属する児童生徒個々の特性と人間関係の状態を心理検査[4]でアセスメントし（河村, 1998a）、計画的に親和的な人間関係づくりをして、建設的な学びあいのある学級集団を形成していく取り組みが、学校現場で広がってきた。その際の方法として、「構成的グループエンカウンター」などのグループアプローチ[5]が参考にされた（岡田・片野, 1996）。

（2）学校教育制度や学校現場の対応

1994年度の不登校児童生徒数は10年前に比べて4.7倍になるなど、いじめや不登校の問題を教師が把握し対応することが難しい状況になってきた。このような状況に対して、1995（平成7）年に文部省はスクールカウンセラー制度を開始させた。不登校やいじめなどの次々に噴出する教育問題の解決を教師だけに求めるのではなく、外部の専門家を活用するという、教育改革の具体策である。ただし、学校に派遣されたスクールカウンセラーは神経症などの臨床心理の専門家が多く、発達障害など要因が多様化した不登校やいじめ問題を改善することは難しかったのである。

4. 学 級 崩 壊

1990年代半ば頃から、いわゆる、"学級崩壊"の問題がマスコミに取り上げられ社会問題となった。文部省も1998年に「学級がうまく機能しない状況」を、「子どもたちが教室内で勝手な行動をして教師の指導に従わず、授業が成立しないなど、集団教育という学校の機能が成立しない学級の状態が一定期間継続し、学級担任による通常の手法では問題解決ができない状態に立ち入っている場合」と定義して調査を実施したのである（学級経営研究会, 2000）。

河村（1998b, 1999）は、学級集団づくりの要素として、規律（ルール）と人間関係（リレーション）を統合して確立する必要性を指摘し、その両方が喪失し、学級が教育集団として成立していない状態を学級崩壊と定義した。そして、学級崩壊に至るプロセスには代表的な2つのパターンがあることを指摘した。この指摘に沿って学級崩壊に至る状況を整理する。

（1）校内暴力から学級崩壊へ

学級崩壊に至るプロセスの1つは、教師主導で管理的に規律が確立された学級集団において、児童生徒が教師の指導に反抗する形で学級が崩壊していく「反抗型」である。

1980年代前半にかけて発生した校内暴力の流れのなかで、対教師暴力や授業妨害が行われ、学級内で授業や協働活動を成立させることが難しい状況が多発した。このような状態を、教師たちは管理と徹底した指導で押さえてきた。だが、1つの学級の生徒たちに複数の教師たちが授業を行う形となる教科担任制度をとる中学校と高等学校では、指導の徹底で生徒たちの荒れを抑えきれる教師と、それが難しい教師とに差が生まれたのである。

つまり、この当時の中学校と高等学校の学級崩壊は、授業崩壊の面が強く、教師の指導に反抗する生徒たちを、指導の徹底で抑え込むことができない教師の指導力不足の問題とみなされた面があった（教師の管理的な指導は必要悪と考えられてしまう面を残したのである）。最終的には、どの教師が担当しても授業が成立しない学級崩壊に至る場合もあった。

　1990年代後半以降、小学校においても暴力行為が多発するようになり、中学校と高等学校と同様に教師に対する反抗や授業妨害が行われ、学級内で授業や協働活動を成立させることが難しい状況が、高学年の学級を中心に発生した。このような状態は、学級担任制度をとる小学校では、学級でのすべての教育活動の成立が難しくなるので、まさに、学級崩壊の状態となったのである。

（2）不登校から学級崩壊への連続性

　学級崩壊に至るプロセスのもう1つは、対人関係を営む意識やスキルの乏しい児童生徒に対して、時間をかけても規律（ルール）と人間関係（リレーション）の統合された確立ができず、学級内に児童生徒たちの不協和音が生まれ欲求不満が高まり、非建設的な行動が多発して学級が崩壊していくという「集団不成立型」である。

　小学校では1990年代後半は、高学年を中心とした「反抗型」の学級崩壊が主流であったが、2000年を超えてくると徐々に「集団不成立型」の学級崩壊が増加し、さらにその流れが中学年、低学年へと広がっていった（河村, 2010）。同時に、中学校と高等学校でも、「反抗型」だけではなく、「集団不成立型」の学級崩壊（授業崩壊）もみられるようになっていった（河村, 2021）。

　1980〜1990年代の学校教育のあり方を問うような問題は、時間の流れでみると、反社会的な問題行動から非社会的な問題行動に移っていった。そして、近年の、児童生徒たちが基本的な人間関係の形成も難しくなった（文部科学省, 2011）という指摘につながっていくのである。

（河村明和・河村茂雄）

【引 用 文 献】

藤田英典　（1997）．教育改革──共生時代の学校づくり──　岩波書店

学級経営研究会　（2000）．学級経営をめぐる問題の現状とその対応：関係者間の信頼と連携による魅力ある学級づくり：「学級経営の充実に関する調査研究」最終報告書

法務省人権擁護局編　（1989）．不登校児人権実態把握のためのアンケート調査結果報告

河村茂雄　（1998a）．たのしい学校生活を送るためのアンケート「Q-U」実施・解釈ハンドブック（小学校編）　図書文化社

河村茂雄　（1998b）．國分康孝監修　崩壊しない学級経営をめざして──教師・学級集団のタイプでみる学級経営──　学事出版

河村茂雄　（1999）．学級崩壊に学ぶ──崩壊のメカニズムを絶つ教師の知識と技術──　誠信書房

河村茂雄　（2010）．日本の学級集団と学級経営──集団の教育力を生かす学校システムの原理と展望

――― 図書文化社

河村茂雄　（2021）．　学級集団づくり/学級崩壊の変遷　WEBQU 教育サポート

文部省　（1992）．　登校拒否問題への対応について（通知）

文部科学省 (2011)．　子どもたちのコミュニケーション能力を育むために～「話し合う・創る・表現する」
　　ワークショップへの取組～

文部科学省 (2013)．　いじめ防止対策推進法

文部科学省 (2022)．　児童生徒の問題行動・不登校調査

森田洋司 (1991)．「不登校」現象の社会学　学文社

森田洋司　（2010）．　いじめとは何か――教室の問題、社会の問題――　中公新書

向井学 (2010)「いじめの社会理論」の射程と変容するコミュニケーション　社会学批評, *3*, 3-12.

岡田弘・片野智治編　國分康孝（監修）（1996）．　エンカウンターで学級が変わる――グループ体験を生
　　かした楽しい学級づくり――　図書文化社

Olweus, D. (1993). *Bullying at School : What we know and what we can do.* Malden, MA
　　Blackwell publishing. (松井賚夫・角山 剛・都築幸恵（訳）（1995）．　いじめ――こうすれば防げる：
　　ノルウェーにおける成功例――　川島書店)

Vogel, Ezra F. (1979). *Japan as Number One: Lessons for America.*　Harvard University
　　Press.（エズラ F. ヴォーゲル．広中和歌子・木本彰子（訳）（1979）．ジャパン アズ ナンバーワン
　　―アメリカへの教訓―　TBS ブリタニカ）

（用語解説）

(1) **教育内容の現代化**：経験主義の教育に基づく生活単元学習を改め，科学の体系と子どもの認識や発達
　　に即した知識を系統的に教授する教育への転換である。

(2) **生活科**：小学校第 1 学年および第 2 学年に設置された、身近な社会や自然とのかかわり体験から、
　　生活に必要な習慣・技能を身につけるための教科である。

(3) **いじめの定義**：2013 年に施行された「いじめ防止対策推進法」の定義は、「児童等に対して、当該
　　児童等が在籍する学校に在籍している等当該児童等と一定の人的関係にあるほかの児童等が行う心理的
　　又は物理的な影響を与える行為（インターネットを通じて行われるものを含む。）であって、当該行為の対
　　象となった児童等が心身の苦痛を感じているものをいう」である。

(4) **心理検査**：人間の心理面の個人差をとらえるために作成された、心理学的手法を用いた測定手段で、
　　1990 年代には学校で活用できるものが開発され、いじめや不登校の発見・学級集団の状態を測定する
　　心理検査「Q-U」は、現在でも多くの自治体や学校で使用されている。

(5) **グループアプローチ**：個人の心理的治療・教育・成長、個人間のコミュニケーションと対人関係の発
　　展と改善、および組織の開発と変革などを目的として、小集団の機能・過程・ダイナミックス・特性を
　　用いる各種技法の総称である。

hapter 14

現代社会と教育の課題２
情報化・グローバル化する社会と教育の変化

1. 情報化社会の進展と教育への影響

1. 情報教育・ICT教育の展開

（1）情報化社会の進展

　現代の日本において、スマートフォンなどのICT（Information and Communication Technology ／情報通信技術）機器やZoom、Skype等のウェブ会議サービスは、日々の生活や企業等での業務に欠かせないものとなっている。総務省の調査によると、2022年8月末時点でスマートフォンの世帯保有割合は90.1％、個人保有割合は77.3％と、いずれも年々増加傾向にある（総務省，2023）。TwitterやInstagram等のSNS（ソーシャルネットワーキングサービス）を利用する個人の割合は80.0％となっており、20代・30代の利用率は90％を超えている。テレワークを導入している企業も51.7％と在宅勤務を中心に普及が進んでいるほか、AI（人工知能）の発達も目ざましく、今後もさらなる進化が見込まれている。

　このような「情報化社会」すなわち情報がモノと同等の価値を有する社会の進展に伴い（中園，2019）、学校教育においても、情報教育やICT教育等と呼ばれるICTの活用に関する教育や各教科におけるICTの活用、各種校務の情報化等の「教育の情報化」が求められている。加えて、近年ではインターネット等を悪用した犯罪行為やネット上における誹謗中傷等が大きな問題となっていることから、児童生徒が犯罪の被害者・加害者とならないための「情報モラル教育」等の充実も、学校教育における重要な課題となっている。

（2）情報教育の歴史

　日本の学校教育における情報化への対応は、昭和40年代後半に高等学校において情報処理教育が行われたことに端を発するとされている。その後1985年の臨時教育審議会第一次答申において、教育改革の基本的な考え方のひとつとして「情報化への対応」が掲げられるとともに、翌1986年4月の第二次答申では学校教育における「読み、書き、算盤（そろばん）」と並ぶ基礎・基本として「情報活用能力（情報リテラシー）」[1]の育成が強調されるなど（文部省，1992）、情報教育の充実は教育上の大きな課題としてとらえられていた。

　さらにその後1989年に中学校技術・家庭科の技術分野において「情報基礎」が新設、1998年には高校で普通教科「情報」が新設されるなど、情報教育は学習指導要領改訂に

伴う進展を続けてきた（内田, 2021）。今日では 2017 年・18 年の学習指導要領改訂により、小学校では 2020 年からプログラミング教育が必修化、中学校では 2021 年から「技術・家庭科」の技術分野でプログラミングに関する内容が増加し、高校では 2022 年に必修科目として「情報Ⅰ」が新設されるなど、各学校段階における情報教育、特にプログラミング教育の充実が図られている。

2. 教育における ICT の活用

(1) 近年の教育政策と ICT 活用

　2017 年に閣議決定された内閣府「未来投資戦略 2017——society 5.0 の実現に向けた改革——」[2] を受けて、2018 年に経済産業省は「『未来の教室』と EdTech 研究会」を開催した（内田, 2021）。EdTech とは Education と Technology を掛け合わせた造語であり、AI や電子書籍等のあらたなテクノロジーやそれらを用いたオンライン講義などのサービス等を指す言葉である。経済産業省は EdTech を通じて、時間や場所の制限を受けず、データに基づいて個別最適化された質の高い学びを、誰もが享受できるようになることを目指している（経済産業省, 2018）。

　また 2019 年には文部科学省も「GIGA（Global and Innovation Gateway for ALL）スクール構想」を掲げ、特別な支援を必要とする子どもを含めた子どもたち一人ひとりに個別最適化された教育環境の実現に向けて（文部科学省, 2020）、小中学校等におけるタブレット等の 1 人 1 台端末と高速大容量通信ネットワークの整備等が進められた。特に 2020 年には新型コロナウイルスの全国的な感染拡大を背景に急速に環境の整備が進められ、2021 年 7 月までに公立の小学校等の 96.2％、中学校等の 96.5％が、「全学年」または「一部の学年」で端末を利用するようになっている（文部科学省初等中等教育局修学支援・教材課, 2021）。

(2) デジタル教科書・教材のメリットとデメリット

　2019 年に学校教育法が一部改正され、教育課程の一部もしくは全部における学習者用デジタル教科書の使用が認められた。学習者用デジタル教科書とは紙の教科書の内容を電磁的に記録した教材であり、拡大縮小や音声読み上げ機能、アニメーションなどのデジタル教材との一体的使用などを通じた積極的な活用が期待されている（文部科学省, 2019）。全国の公立学校における学習者用デジタル教科書の普及率は 2021 年 3 月 1 日時点では 6.2％であったが、2022 年 3 月 1 日には 36.1％に急増しており（文部科学省, 2022a）、全国的な普及にはまだ遠いものの、急速に整備が進められている。

　他方で、デジタル教科書等の利用には目や身体の疲労、ドライアイや視力の低下などが懸念されている。これに対し学校現場では、反射防止対策が施された照明の設置や、高さが調整できる机やイスの使用、端末との距離を 30 cm 以上確保し適切な姿勢をとって使用するよう児童生徒を指導するといった対応が必要とされている（文部科学省, 2022b）。また、デジタル教科書を義務教育諸学校の教科用図書の無償措置に関する法に基づく無償措

　Chapter 14　現代社会と教育の課題 2

置の対象に加えるかどうかという課題も残されており、この点に関しては現在も検討が続いている（デジタル教科書の今後の在り方等に関する検討会議, 2021）。

3. 情報化社会におけるあらたな課題と教育

(1) SNS 等での誹謗中傷・ネットいじめなどの社会問題

　情報化社会の進展に伴い、ハッキングや不正アクセス、コンピュータウイルスの使用など、ネット犯罪やサイバー犯罪等と呼ばれる行為が大きな問題となっている。特に近年ではSNS 等を通じた誘拐事件や性的な写真・動画の拡散、金銭の要求などのほか、災害時等におけるデマやフェイクニュースの拡散なども深刻な課題となっている。2022 年にはインターネット上での誹謗中傷が社会的な問題となったことを背景に、1 日以上 30 日未満の「拘留」もしくは 1,000 円以上 1 万円未満の「科料」とされていた侮辱罪の法定刑が1 年以下の「懲役」あるいは「禁錮」、もしくは 30 万円以下の「罰金」（または拘留・科料）へと引き上げられるなど、情報化社会の推進に伴う法制度の整備も進められている。

　これらの事件は大人たちだけの問題ではない。特にスマートフォンの普及を背景に、児童生徒がこれらの問題の被害者や加害者となる事例が相次いでいる。文部科学省の調査によると、オンライン上で誹謗中傷などを行う「ネットいじめ」の認知件数は 2 万 1,900 件と増加傾向にある（文部省初等中等教育局児童生徒課, 2022）。さらに個人情報の流出や著作権侵害、児童売春等に加えてオンラインゲームへの課金トラブルやネット依存・スマホ依存等のあらたな問題が発生しており（芳賀, 2020）、学校教育においても早急な対応が必要となっている。

(2) 情報モラル教育およびデジタル・シティズンシップ教育の意義

　現在、このような情報化社会における諸問題への対策として、学校教育における「情報モラル」教育の充実が求められている。「情報モラル」とは「情報社会で適正な活動を行うための基になる考え方と態度」であり（文部科学省, 2018）、ICT の利用における健康への影響のみならず、他者への影響や自他の権利に関する知識や法律、情報を安全・適切に活用し、責任ある行動をとるための判断力や、インターネットを通じた情報発信・コミュニケーションを行う上での心構えなどを指す概念である。特に 2004 年にホームページ上でのやり取りでトラブル等があった小学生児童が同級生を殺害する事件が起きて以降、情報モラル教育は生徒指導にも組み入れられるようになっている（芳賀, 2020）。また今日では「特別の教科　道徳」をはじめとする道徳教育の文脈においても、情報モラル教育の意義が言及されている。

　ただし、情報モラル教育では SNS 等の危険性や「ルールを守ること」の重要性が主張される一方、子ども自身が考え行動し、自分の意見を主張するといった側面が弱く、ICT の利用そのものを避けるように仕向けてしまう可能性も指摘されている。そこで近年では「情報モラル」教育に代わり（あるいは加えて）、「デジタル・シティズンシップ教育」の重

要性も指摘されている。ユネスコの定義によると、デジタル・シティズンシップとは「情報を効果的に見つけ、アクセスし、利用、創造する能力であり、他の利用者とともに積極的、批判的、センシティブかつ倫理的な方法でコンテンツに取り組む方法であり、そして自分の権利を意識しつつ、オンライン及びICT環境に安全かつ責任をもって航行する能力」である（坂本, 2020）。すなわちデジタル・シティズンシップ教育は、子どもにICTの利用を忌避させるのではなく、むしろ積極的に活用することを通じて、情報化社会で生じる困難やジレンマに前向きに対処するための知識や能力を伸ばしながら、よりよい社会を構築していく市民の育成を目指すものであるといえる。今後さらに社会の情報化が進み、より低年齢層でのICTの利用が見込まれることをふまえると、情報モラル教育に加えてデジタル・シティズンシップ教育を充実させていくことが、学校教育における喫緊の課題であると考えられる。

■ 2. グローバリゼーションと教育

1. グローバル化の進む日本社会

（1）在日外国人数の変遷

　2023年の出入国管理庁の統計によると、2022年12月末時点で約307万人の外国人が日本に在留している。もっとも人数が多いのは中国国籍の人々であり、約76万人となっている（出入国在留管理庁, 2023）。ただし、中国国籍の人々が増加したのはおおむね2000年代以降のことである。もともと1980年代には韓国・朝鮮国籍の人々が全体の85％を占めており（佐藤, 2019）、現在も約41万人が在留している。その後バブル期の製造業をはじめとする人手不足を背景に、1990年に「出入国管理及び難民認定法」（入管法）が改正され、日系三世まで原則就労可能になったことで、ブラジル・ペルー国籍の日系人やその家族などが多く日本に滞在するようになった。加えて近年ではベトナムやフィリピンなどアジア国籍の人々が増加しており、2018年の入管法改正による翌年の在留資格「特定技能1号」「特定技能2号」[3]の創設もこのような傾向を後押ししていることがうかがえる【QR14-1】。

　このように今日ではさまざまな国籍の人々が日本に在留するようになっており、それに伴い日本の公立学校に在籍する外国籍の子どもの数も増加を続けている。これらの子どもは学校等では日本語や日本文化を中心とする社会環境に置かれる一方、家庭内では両親の母語や母国の文化的環境のなかで生活することになる。さらには日本国籍の人と外国籍の人とのあいだに生まれた子どもや、日本に帰化した人々の子どもなど、日本で生まれ育ち、日本国籍[4]をもちつつ、日本とは異なる国の文化や言語の影響を受けながら生活する、「外国につながる子ども」や「外国にルーツをもつ子ども」等と呼ばれる子どもも近年増加している。

【QR14-1】
国籍・地域別在留
外国人数（2022
年末時点）

（2）子どもの就学状況

終戦後、日本では植民地支配から脱したのちも祖国に戻ることができなかった（あるいは戻らなかった）在日の朝鮮人は、子どもの朝鮮語習得を目的に、各地に国語講習所を開いていった（木村，2015）。これらの講習所はその後朝鮮学校として組織化されていくが、東西冷戦が本格化したことを受け、1949年には全朝鮮学校が強制的に閉鎖させられている（呉，2020）。さらに1952年のサンフランシスコ講和条約の発効により在日の朝鮮人は日本国籍を喪失したため、その子どもは義務教育の対象からも外れることになった。

このような状況に対し、1950年代以降子どもの教育権保障を求めた在日の朝鮮人たちは朝鮮学校の再建や新設、そして法的な認可を求める運動を展開し始める。これにより1975年までにすべての朝鮮学校が各種学校としての認可を取得し、現在も各地で言語教育をはじめとする民族教育を展開している。一方で朝鮮学校の児童生徒たちに対する誹謗中傷や嫌がらせ、デマの拡散や殺害予告を含むヘイトスピーチは近年も続いており、子どもの人権保障をめぐる多くの課題を、日本社会は抱えたままとなっている。

日本にはこのような朝鮮学校をはじめとする外国人学校のほか、インターナショナルスクールと呼ばれる学校が各地に存在し、特に後者に関してはグローバル人材の育成を目指した個性的・国際的な取り組みが注目されている。ただし、文部科学省の調査では住民基本台帳で記録された外国籍の子ども13万6,193人の約85%にあたる11万6,288人が日本の義務教育諸学校に就学しているとされており（文部科学省総合教育政策局国際教育課，2023）、実際には外国籍の子どもの多くは公立・私立の小中学校等に通っていることがうかがえる。

2．外国籍・外国にルーツをもつ子どもの教育をめぐる課題

（1）公教育における外国籍の子どもの就学をめぐる課題

日本国憲法第26条では「すべて国民は、法律の定めるところにより、その能力に応じて、ひとしく教育を受ける権利を有する。」と、教育を受ける権利の主体が「国民」と明記されている。他方で日本が1979年に批准している国際人権規約[5]（A規約）第13条では「この規約の締約国は、教育についてのすべての者の権利を認める。」と規定されており、1994年に批准した子どもの権利条約[6]第28条においても「締約国は、教育についての児童の権利を認めるものとし、（中略）初等教育を義務的なものとし、すべての者に対して無償のものとする。」とされている。日本政府は憲法で規定された教育を受ける権利の主体および義務教育の対象から外国籍の子どもを除外している一方、これらの国際法を論拠に、義務教育諸学校への入学を希望する場合においては無償で受け入れる姿勢を示している。

しかし、実態としては権利の保障というよりも「恩恵」という意味合いが強く、多くの子どもが不就学状態のまま放置されているという批判も多く寄せられている。実際、上述

した 2023 年の文部科学省調査では、小・中学生に相当する年齢の外国籍の子どものうち 8,183 人が不就学の可能性があるとされている。また、そのうち 6,675 人に関してはそもそも就学状況の把握ができていない状態にある。このような状況に対し、国や地方公共団体の連携のもと、就学案内や多言語での就学ガイドブックの送付、個別訪問などの対応を積極的に進めることが求められている。外国籍の子どもの不就学は、教育を受ける権利が保障されないことに加え、児童労働やきょうだいの世話などのヤングケアラーの問題、健康診断を公費で受診できないことなど（小島, 2022）、子どもの命や人権を脅かすさまざまな問題へとつながっている。各自治体における迅速な対応の推進とともに、「日本人」の育成だけではなくすべての子どもを視野に入れた抜本的な制度改革が必要となっている。

（2）学校現場で子どもたちが直面する課題

2022 年の文科省の調査では、全国の公立の小・中・高等学校、義務教育学校、中等教育学校、特別支援学校において日本語指導が必要な児童生徒数は 5 万 8,307 人存在するとされ、うち 1 万 688 人が日本国籍の子どもとなっている（文部科学省, 2023）。これらの子どもは日本語が十分に理解できなかったり話せないことで、授業の内容が理解できなかったり、周囲とコミュニケーションがとれないなどの困難に直面することになる。さらに学校での生活習慣の違いへの適応や、日本の学校における集団の規範やルールの習得も求められるなかで、子ども同士の関係性がこじれ、いじめやトラブルへとつながることもある（佐藤, 2019）。

このような状況に対し、2014 年に学校教育法施行規則が一部改正され、外国籍の子どもや家庭内での使用言語が日本語以外の子ども等に対して、「特別の教育課程」として授業時間内に別室で日本語指導を行うことが認められた。ただし、このような「取り出し」指導に関しては、母語の使用できる教室で生き生きとする者もいる一方、自分が在籍する教室の「お荷物」になってしまっていると感じ、負担に思う子どもも存在することが、規則改正以前から指摘されていることも留意する必要があるだろう（佐久間, 2011）。また学校が日本の文化や規範を押しつけることで本人のアイデンティティが揺らいだり、子どもが自己を否定的にとらえる可能性も懸念されている。今後もいっそうグローバル化が進んでいくと思われることをふまえると、これからの学校はただ子どもに既存の文化への適応を求めるのではなく、すべての子どもが「自分らしさ」を肯定され、共に生きる社会の形成者として育成される場となることが求められているといえる。

（末岡　尚文）

【引 用 文 献】

デジタル教科書の今後の在り方等に関する検討会議（2021）. デジタル教科書の今後の在り方等に関する検討会議（第一次報告）
https://www.mext.go.jp/content/20210607-mxt_kyokasyo01-000015693_1.pdf

芳賀高洋（2020）．情報モラルからデジタル・シティズンシップへ　坂本旬・芳賀高洋・豊福晋平・今度珠美・林一真　デジタル・シティズンシップ―コンピュータ1人1台時代の善き使い手をめざす学び　大月書店

経済産業省（2018）．「未来の教室」と EdTech 研究会 第1次提言のポイント
　　https://www.meti.go.jp/report/whitepaper/data/pdf/20180628001_2.pdf

木村元（2015）．学校の戦後史　岩波書店

小島祥美（2022）．社会で「見えない」不就学の外国人の子どもたち　荒牧重人・榎井縁・江原裕美・小島祥美・志水宏吉・南野奈津子・宮島喬・山野良一（編）　外国人の子ども白書【第2版】――権利・貧困・教育・文化・国籍と共生の視点から――　明石書店

文部科学省（2018）．【情報編】高等学校学習指導要領（平成30年告示）解説
　　https://www.mext.go.jp/content/1407073_11_1_2.pdf

文部科学省（2019）．学習者用デジタル教科書のイメージ
　　https://www.mext.go.jp/component/a_menu/education/detail/__icsFiles/afieldfile/2019/02/12/1407728_001_1.pdf

文部科学省（2020）．GIGA スクール構想の実現へ
　　https://www.mext.go.jp/content/20200625-mxt_syoto01-000003278_1.pdf

文部科学省（2022a）．令和3年度学校における教育の情報化の実態等に関する調査結果（概要）（令和4年3月1日現在）
　　https://www.mext.go.jp/content/20221027-mxt_jogai02-000025395_100.pdf

文部科学省（2022b）．児童生徒の健康に留意して ICT を活用するためのガイドブック　令和4年3月改訂版
　　https://www.mext.go.jp/a_menu/shotou/zyouhou/detail/20220630-mxt_kouhou02-1.pdf

文部科学省（2023）．日本語指導が必要な児童生徒の受入状況等に関する調査結果について
　　https://www.mext.go.jp/content/20230113-mxt_kyokoku-000007294_2.pdf

文部科学省総合教育政策局国際教育課（2023）．令和4年度 外国人の子供の就学状況等調査結果について
　　https://www.mext.go.jp/content/20230421-mxt_kyokoku-000007294_04.pdf

文部科学省初等中等教育局修学支援・教材課（2021）．端末利活用状況等の実態調査（令和3年7月末時点）（確定値）
　　https://www.mext.go.jp/content/20211125-mxt_shuukyo01-000009827_001.pdf

文部科学省初等中等教育局児童生徒課（2022）．令和3年度 児童生徒の問題行動・不登校等生徒指導上の諸課題に関する調査結果について
　　https://www.mext.go.jp/content/20221021-mxt_jidou02-100002753_1.pdf

文部省（編）（1992）．学制百二十年史　ぎょうせい

中園長新（2019）．情報化社会と情報リテラシー　藤田晃之・佐藤博志・根津朋実・平井悠介（編）　最新教育キーワード――155のキーワードで押さえる教育――　時事通信社

呉永鎬（2020）．揺れ動く公教育の境界線――外国人学校は公的に保障されうるか――木村元（編）　境界線の学校史――戦後日本の学校化社会の周縁と周辺――　東京大学出版会

坂本旬（2020）．デジタル・シティズンシップとは何か　坂本旬・芳賀高洋・豊福晋平・今度珠美・林一真　デジタル・シティズンシップ――コンピュータ1人1台時代の善き使い手をめざす学び――　大月書店

佐久間孝正（2011）．外国人の子どもの教育問題――政府内懇談会における提言――　勁草書房

佐藤郡衛（2019）．多文化社会に生きる子どもの教育――外国人の子ども、海外で学ぶ子どもの現状と課

2．グローバリゼーションと教育

　　題―― 明石書店

総務省（2023）. 令和４年通信利用動向調査の結果
　　https://www.soumu.go.jp/johotsusintokei/statistics/data/230529_1.pdf
出入国在留管理庁（2023）. 令和４年末現在における在留外国人数について
　　https://www.moj.go.jp/isa/publications/press/13_00033.html
内田康弘（2021）. 情報通信技術と教育――「学校教育の情報化」と冷静に向き合う――松下晴彦・伊藤
　　彰浩・服部美奈（編）　教育原理を組みなおす――変革の時代をこえて――　名古屋大学出版会

用 語 解 説

(1) **情報活用能力（情報リテラシー）**：さまざまなメディアのなかから正確な情報を収集・分析しその内容を批判的に読み解き評価・判断するとともに、それらを適切に発信・活用するための能力などを指す。

(2) **未来投資戦略 2017―― society 5.0 の実現に向けた改革――**：先進国に共通する「長期停滞」の打開に向けた内閣府の中長期経済成長戦略のひとつ。Society 5.0 とは「サイバー空間（仮想空間）とフィジカル空間（現実空間）を高度に融合させたシステムにより、経済発展と社会的課題の解決を両立する、人間中心の社会」であり、狩猟社会、農耕社会、工業社会、情報社会に続く新しい社会であるとされている。

(3) **「特定技能１号」「特定技能２号」**：特定産業分野における人手不足を背景に、一定の知識や技能をもつ外国人を受け入れるために 2019 年４月に創設された在留資格。１号と２号には在留資格の期限や受け入れ機関等による支援の有無や、要件を満たした際の家族の帯同が認められるかどうかなどの違いがある。

(4) **日本国籍**：日本の国籍法は「血統主義」を採っており、1984 年の改正以降、両親のどちらかが日本国籍であれば子どもは日本国籍を取得できることになっている。

(5) **国際人権規約**：1966 年に国連が採択、76 年に発効した国際的な人権の保障を定めた条約。社会権規約（Ａ規約）と自由権規約（Ｂ規約）および後者に付随する選択議定書の３つからなる。日本はＡ・Ｂ両規約を 1979 年に批准したものの、選択議定書の批准は行っていない。

(6) **子どもの権利条約**：1989 年に国連が採択、90 年に発効した、子どもの権利保障を定めた条約。子どもを保護の対象としてのみならず、権利行使の主体としてとらえていることに大きな特徴がある。

hapter **15**

現代社会と教育の課題3
マイノリティの権利保障と学校・社会の問い直し

1. 障害児の教育権保障

1. 障害児の教育権保障の歴史

（1）戦後日本における障害児の教育権保障の取り組み

　戦後日本では憲法および教育基本法によってすべての国民に教育を受ける権利が認められたものの、実際には障害児（・者）の権利保障は遅れていた。戦前からの歴史をもつ盲学校・聾学校は1947年に義務化[1]されたものの就学率は低く、1950年でも盲・聾合わせて50%程度であった（堀, 1997）。また重度障害や重複障害をもつとされた子どもの多くは就学を猶予・免除[2]され、学校に通うことができなかった。

　このような状況に対し、障害児の保護者や専門家を中心に、養護学校義務化の早期実施を要求する運動が戦後直後から展開されていた。なかでも1967年に結成された全国障害者問題研究会（全障研）は、「すべての人の発達のすじ道は同じ」であり、発達を保障する上で必要なことを学ぶ権利がある、という「発達保障論」を唱え（小国, 2019）、養護学校の整備および義務化を大きく推進する運動を展開した。文部省も1973年には1979年度からの養護学校義務化を政令で発表し、これにより不就学状態に置かれていた重度障害児も含めたすべての子どもの教育権が保障され、戦後義務教育制度が完成することとなった。

（2）養護学校義務化をめぐる対立

　上記の通り1979年の養護学校義務化をもって障害児を含むすべての子どもの教育権が保障され、戦後義務教育制度が完成した。一方で養護学校義務化は子どもの障害の種類と程度に応じて就学を措置する分離的特殊教育制度の完成を意味してもおり（中村, 2019）、これまで普通学校に通っていた子どもも含めて、多くの障害児が養護学校等への就学を実質的に強制され、地域社会や友人との関係性を絶たれることになった。その意味において、養護学校義務化は障害児の教育権保障をめぐる光と影の双方をもつ制度であったといえる。

　このような強制的な就学措置に対し、普通学校への就学を求める障害児やその保護者に加え、成人した障害当事者を中心に、養護学校義務化に反対する運動や地域の普通学校への就学を求める交渉運動が、1970年代を中心に各地で開始された。これらの運動は障害

児の教育権の保障に加え、障害児の排除を前提とする普通教育そのもののあり方を根底から問い直すラジカルな教育運動として（山下，1988）、上述した全障研をはじめとする義務化推進派の団体と激しく対立しながら、全国的な展開を見せていった。

2. 当事者からの告発

（1）当事者運動の広がり

　障害児の普通学校就学を求める人々、特に障害当事者[3]たちが養護学校義務化に強く反対したのは、何よりも障害を理由とした分離や排除を差別ととらえるとともに、みずからの意思による権利行使を求めたからであった。もとより障害者はみずからの処遇を保護者や専門家によって一方的に決定され、その意思や主体性が十分に尊重されないことが多々あった。特に1960年代後半頃より日本ではコロニーと呼ばれる大規模施設の建設・入所が相次いでいたが（杉本，2008）、そのなかで障害者たちに対する厳しい生活の管理や治療、訓練などが本人の意思とは無関係に行われ、施設内での虐待や、子宮摘出手術の強要などの人権侵害も生じていた（堀，1998）。このような状況のなか、障害当事者がみずからの意思で生活する場所や生き方を決めていく「自立生活」を求める運動や、社会に遍在する障害者差別を告発し、社会のあり方を変えていこうとする運動が展開された。

　なかでも象徴的な運動が、1970年に発生した障害児殺し事件において脳性麻痺者団体「青い芝の会」が行った減刑嘆願反対運動である。横浜市で母親が障害児であるわが子を殺すという事件が発生した際、マスコミや地域住民などが大々的に母親の減刑嘆願運動を展開した。これに対し、「青い芝の会」に所属する障害者たちは、「障害者はあってはならない存在」「死んだ方が本人の幸せ」といった論理のもとで障害児・者を抹殺する社会のあり方に強い危機感を抱き、減刑嘆願運動に対する激しい批判を行った。「青い芝の会」はその後も障害者がみずから主体となって健常者中心の社会を問い直し、差別を告発する「障害者解放運動」の中心的な団体の一つとなる。成人障害者を主体とするこのような大きな運動の盛り上がりのなかで、障害児の普通学校就学を求める運動も急速な高まりを見せていった（山下，1986）。

　このような1970年代以降全国的な展開を見せた障害当事者たちの運動は、2014年に日本が批准した「障害者権利条約」のスローガンである「Nothing about us, without us」（私たち抜きに私たちのことを決めないで）にも通ずる、当事者の立場から権利保障や政策決定の場への参加などを要求した先駆的な事例であった。しかしながら、専門家主義が根強い教育や福祉等の領域ではこれらの運動は激しく批判され、当事者の意思よりも行政や専門家の判断が優先される非対称的な構造を抱えたまま、障害児・者の権利保障として施設や特殊学校等への入所・就学が推進されていった。

（2）「当事者」の視点からの教育の問い直し

　養護学校義務化の是非や障害児の教育権保障のあり方をめぐる対立は、義務化が成立し

た 1979 年以降も続いた。そのなかで、障害者の権利保障や子どもの教育をめぐるさまざまな論点が提起されることとなる。特に養護学校義務化に強く反対した障害当事者団体「全国障害者解放運動連絡会議」(全障連)⁽⁴⁾やその関係者たちは、従来「発達」のための場とされてきた学校が子どもにとっては第一に「生活の場」であることを強調し、障害児も健常児も「共に生きる」教育の実現に向けた運動や実践を展開した。その象徴的な事例ともいえるのが、1978 年から 1983 年まで東京都足立区で行われた、車イスの少年金井康治 (1969-1999) の小学校入学 (養護学校からの転校) を求めた就学運動である。当時 10 歳の金井少年はみずから運動の主体となり、集会等で「ぼくは、ともだちがほしい」「なんでぼくだけがっこうにはいれないで、ほかのともだちがはいれるの。わからない」と訴えた (金井, 1980)。このような金井の訴えは、子ども自身の立場から「学校に通うこと」のもつ意味を問い直すとともに、当事者の意思を軽視する健常者の専門家や教育関係者の姿勢を批判し、「発達」保障を中心軸とした教育論や権利論の再考を迫るものであったといえる。

　さらにこのような金井の運動をはじめとする障害当事者たちによる普通学校就学運動はまた、分離別学の論拠となる「障害」のとらえ方そのものの変革をも訴えたものであった。障害の種別によって子どもを分類し、障害に応じた「適切な教育」を実現しようとする特殊教育制度の前提にあったのは、「障害」を医学的・個人的な問題ととらえその「治療」や「軽減」を目指す障害観であり、今日では「障害の医学モデル」と呼ばれる考え方である。他方、全障連をはじめとする就学運動関係者は、分離別学の論拠とされた「発達」概念の抑圧性を告発するとともに、「障害」を個人の身体ではなく他者との関係性や個人と社会とのあいだに存在する障壁としてとらえ、障害者を取り巻く社会のあり方を問い直すことを求めた。このような当事者の主張は、「障害の社会モデル」(コラム 4) と呼ばれるとらえ方に重なるものである。今日、障害者権利条約においても「社会モデル」に基づいた「障害」概念が示されるなど、「医学モデル」から「社会モデル」への転換が、国際的に求められている。

　しかしながら、現在も障害を個人的・医学的な問題としてとらえ、障害児が直面する困難に対しても、社会的な障壁の除去という視点を捨象し、本人の努力によって乗り越えることに焦点を当てた指導や実践を行う事例が、学校教育においても散見されている。「本人のため」や「周囲の迷惑」といった文言のもとで分離した場での教育を強要される事例も続いており、実践面・制度面の双方において、早急な教育改革が求められている。

2.　マイノリティの権利保障と教育・社会のインクルージョン

1.　障害児の権利保障とインクルーシブ教育

（1）インクルーシブ教育の理念

　分離別学を前提とした特殊教育制度に対し、1970 年代以降、障害児を「分けない」教育への転換を求める声が、国際的にも高まりを見せていた。そのようななかで提起されたのが、すべての子どもを「包摂 (include)」する「インクルーシブ教育 (inclusive education)」の理念である。インクルーシブ教育についての統一された定義は存在しないが、一般的には、「障害児」を含むすべての子どもが教育の場から排除されることなく、平等かつ包括的に、通常の学校・学級で共に学ぶことを原則とする教育を指すものとされる (末岡, 2023)。それはただ単に同じ場に子どもを統合することを意味するのではなく、現行の教育内容や教育方法、指導体制等の修正や変更を通じて、通常教育を子どもの多様なニーズに応えるものへと変革するプロセスを含むものとされている。

　このようなインクルーシブ教育の理念を強く打ち出したのが、1994 年にユネスコが採択した「特別なニーズ教育に関するサラマンカ宣言」（通称「サラマンカ宣言」）である。そこでは障害児やストリートチルドレンの子ども、働いている子どもや言語的・文化的・民族的マイノリティの子ども等、社会的に不利な立場に置かれているすべての子どもを含む教育の実現が打ち出されている。それゆえサラマンカ宣言においては、別の方法で行わざるをえないやむをえない理由がないかぎり、普通学校にすべての子どもを在籍させるインクルーシブ教育の原則の採用が、各国の政府に求められている (嶺井・長畠, 1997)。

（2）日本の特別支援教育とインクルーシブ教育

　一方、1980 年代の日本では上述した金井康治の運動をはじめとして各地で分離教育に反対する運動が行われたものの、分離別学を原則とする教育制度そのものの問い直しは進まなかった。さらに 1990 年前後より、凶悪な少年犯罪などへのメディアの関心の高まりを背景に (石川, 2020)、自閉スペクトラム症（ASD）や注意欠陥多動性障害（ADHD）などの「発達障害」が社会的な注目を集め、学校教育においても、「発達障害」児とされた子どもたちへの対応が進められていった。国際的には上述した「医学モデル」から「社会モデル」への移行が図られるなか、日本においては 1993 年に「通級による指導」が制度化され、特殊教育の対象が普通教育に在籍する児童まで広げられるとともに (篠宮, 2018)、2007 年には従来の特殊教育に代わり、より広範な子どもを対象とする特別支援教育が開始された。

　特別支援教育は、それまでの障害種別に加えて「LD、ADHD、高機能自閉症」等の障害児を指導の対象とするとともに、通常学級を障害児教育の場の一つとして位置づけるよ

Chapter 15　現代社会と教育の課題 3

うになった点に大きな特徴がある。これにより通常学級を障害児教育の場として条件整備する姿勢が示されたという意見も存在するが（清水, 2019）、特殊教育と同様、あるいはより細分化された形で、普通学校・学級から障害児の排除が進んでいるという批判も寄せられている。また、「発達障害」概念に関しては今日まで遺伝要因説や環境要因説などさまざまな理論が混在しており、障害者福祉の領域では知的障害を含む包括的な概念として用いられていた一方で2004年に制定された発達障害者支援法をはじめとする各種法律では知的障害を含まない「脳機能の障害」とされる等の混乱が見られたほか（篠宮, 2018）、同一の子どもであっても個々の医師によって診断名が異なるなど、その実態やとらえ方は必ずしも明瞭ではない。

2013年には学校教育法施行令が一部改正され、その際に就学先の決定において障害児の保護者の意向が「可能な限り」尊重されることが通知された。しかし、その後も保護者のつき添いや教育委員会の文書への署名・捺印に応じなければ普通学級への就学が認められないといった報告（早坂, 2015）も存在し、実際に特別支援学校・学級等に在籍する子どもの数も年々増加を続けている【QR15-1】。文部科学省は特別支援学校・学級等を通常学級と並ぶ「連続性のある「多様な学びの場」」として位置づけ、特別支援教育制度の充実を軸にした「インクルーシブ教育システム」[5]の推進を主張しているが、2022年には国連障害者権利委員会が日本政府に対し「分離された特別教育が永続している」ことへの懸念を表明し、分離特別教育の中止とインクルーシブ教育を受ける権利を認めること等を勧告している。日本政府はこの勧告に反発し、現状の特別支援教育制度を止めない姿勢をとっているものの、今後も国際社会や障害当事者から根本的な制度改革を求める声が高まっていくことが予見されており、障害児・者の権利保障やインクルーシブ教育のとらえ方をめぐっては、多くの課題が残されたままとなっている。

2. インクルーシブな社会の構築と教育

（1）インクルーシブ教育とグローバル化する社会

インクルーシブ教育とは障害児の権利に関わるものであるが、それのみにとどまるものではない。人種や民族、文化的マイノリティなど、さまざまな属性・背景をもった人々が分けられることなく、多様性を尊重されながら十分に参加できる教育がインクルーシブ教育の目指す姿であることが、前述したサラマンカ宣言では示されている。同時にそれは学校教育だけの問題ではなく、インクルーシブな社会の構築と結びつくものでなければならない。特に前章でみたようにグローバル化の進む日本においては、多様な国籍やルーツをもつ人々が当たり前に受け入れられ主体的に生きていく社会の構築が求められている。

そのためにも、障害児教育のみに焦点を当てた現状の「インクルーシブ教育システム」よりも広義のインクルーシブ教育、すなわち多様な人々が共に学びあい育ちあう教育を作り上げていくことが喫緊の課題であるといえる。実際、日本の文化に不慣れであったり日

2. マイノリティの権利保障と教育・社会のインクルージョン

【QR15-1】
特別支援学校・学級
等在籍児童生徒数

本語がわからなかったりする外国籍の子どもや外国にルーツをもつ子どもが「発達障害」児としてとらえられ、特別支援学級等へ編入させられるなど（金, 2020）、「支援」という名の「排除」が、日本の「インクルーシブ教育システム」のなかで行われている可能性が指摘されている。このような「支援」のあり方からは、子どもが直面している困難を当事者の目線から明らかにすることを試みたり、子どもに合わせて教育のあり方を柔軟に変化させたりするのではなく、既存の教育制度や実践のあり方を絶対視し、その枠組みにあてはまらない子どもを「障害」児と見なし「支援」の対象とする教育観・子ども観の存在が示唆されている。

（2）誰も排除しない・多様性を尊重する教育の実現に向けて

インクルーシブ教育の理念は、このような既存の教育制度やその前提にある価値観そのものの問い直しを求めるものである。特に日本における障害児の普通学校就学運動や「共に生きる」教育の歴史をふり返れば、教育の当事者である子ども自身の視点から、何のために学校に通うのか、教育の場や社会から排除されないとはどういうことかを、論理的に検討し直していくことが必要となる。

障害者権利条約ではこのような社会の変革の一端として、「合理的配慮」（コラム4）の提供が示されている。合理的配慮とは障害者が直面する社会的障壁、すなわち日常生活や社会生活を営む上で障壁となる事物や制度、慣行や観念その他一切のものを除去することを意味し（大谷, 2015）、教育における例としては、点字教科書の配布や手話通訳の配置などがあげられる。強調しておきたいのは、このような各種の配慮は、障害者への特別な支援や「特別扱い」を意味するものではないということである。合理的配慮はもともとreasonable accommodation（合理的な調整／適応）の訳語であり、「社会モデル」の考え方に基づいて、障害者の権利の享有や行使を妨げる社会的障壁を取り除くために行われる行為のことを指す。ゆえに合理的配慮はあくまでも障害者と健常者が等しく権利を保障されるために行われるものであるといえる。また、合理的配慮の観点に即せば「健常者」とは（自分たちの要求に即した形で）配慮を受けている人々のことを意味し、「障害者」とは配慮されていない人（十分な配慮を得られていない人々）のことを意味することとなる（石川, 2008）。障害者権利条約においては、このような合理的配慮の不提供が差別となることが明記されている。

外国籍の子どもや外国にルーツをもつ子どもの教育においても同様のことがいえる。すなわち、これらの子どもたちが学校生活や授業内において困難に直面した際、前章で言及した日本語指導などの個別の「支援」を行うだけではなく、それらの困難の原因を究明し取り除くために必要な手立てをとることが学校や教師等には求められる。それには教科書の文章や筆記試験において漢字にルビをふる、難解な日本語を簡単な言葉に言いかえるといった調整のほか、子ども同士の人間関係や教科の学習内容に反映される文化的な要素、教師と子どもの関係といった「隠れたカリキュラム」（第3章）にも着目しながら、学校の

ルールや規範を組み替えていくことが必要となる（佐藤，2019）。

　また昨今では男女混合名簿の使用や制服選択の自由化など、LGBTQ+等の性的マイノリティの人々も含めたすべての子ども・人々の権利や尊厳の保障に向けた取り組みが各地の学校で広がっている。文部科学省も2015年・16年に「性同一性障害」をはじめとする性的マイノリティの子どもに対する具体的な支援や配慮に関する通知や文書を作成しているほか、2022年に公表した生徒指導提要においても「『性的マイノリティ』に関する課題と対応」が追記されるなどの変化が生じている。一方、2017年に改訂された小学校・中学校学習指導要領において性別特性や性別役割分業を暗に前提とした記述が見られ、性的マイノリティに関する記述が一切ないことが指摘されているほか（寺町，2018）、学校内外における性的マイノリティの子どもに対する誹謗中傷やいじめなどの事例も多数報告されており、すべての子どもの権利保障や平等の実現に向けては、現在も多くの課題が残されている。

　このような社会や教育の変革を目指す上では、教師や当事者であるマイノリティの子どものみならず、マジョリティの子どもも含めて、差別や排除の問題に向きあい、共に取り組む関係性を構築していくことが重要となる。日本における「共に生きる」教育では、障害児と健常児が同じ空間で共に育つことを通じて、健常児たちが障害児に必要な介助をごく自然に提供し、それぞれの障害児の条件に合わせたコミュニケーションの仕方を身につけていくとともに、そのなかで障害児もみずからに固有の仕方で社会的自己確立を図り、卒業後も一人の市民として社会参加していくことが目指されてきた（山下，1986）。近年ではジェンダーに関する教育のほか、外国籍の子どもや外国にルーツをもつ子どもだけではなく、すべての子どもを対象として、外国の文化や歴史、宗教や価値観の違い等を正しく理解し、相互的な関係性を構築しつつ、国際的・社会的な問題にいかに取り組むかを学ぶ、「多文化共生教育」等と呼ばれる教育が重要視されている。このような取り組みを積み重ねるなかで、さまざまな「違い」をもつ人々が多様性を尊重しあいながら、社会に遍在する差別や排除の問題に主体的に取り組み、よりよい社会を構築していくための姿勢や力を身につけていくことが、今日の教育に求められているといえるであろう。

（末岡　尚文）

【引 用 文 献】

早坂佳之（2015）. 分科会5教育「就学先決定・合理的配慮実施の検証と差別解消法への道」報告 DPI：Disabled people's international/DPI（障害者インターナショナル）日本会議事務局, *30*（4），24-26.

堀正嗣（1997）. ［新装版］障害児教育のパラダイム転換——統合教育への理論研究——　明石書店

堀正嗣（1998）. 障害者運動におけるアドボカシーと子どもアドボカシー　子ども情報研究センター研究紀要, *15*, 59-70.

石川憲彦（2020）.「発達障害」とはなんだろう？——真の自尊ルネッサンスへ——　ジャパンマシニスト

社

石川准（2008）．本を読む権利はみんなにある　上野千鶴子・大熊由紀子・大沢真理・神野直彦・副田義也（編）ケア　その思想と実践1　ケアという思想　岩波書店

金井律子（1980）．ぼくは　てんこうできて　うれしい――校門の錠前はやっとはずれたが……――　教育の森, 5 (5), 94-100.

金春喜（2020）．「発達障害」とされる外国人の子どもたち――フィリピンから来日したきょうだいをめぐる、10人の大人たちの語り――　明石書店

小国喜弘（2019）．障害児教育における包摂と排除――共生教育運動を分析するために――小国喜弘（編）障害児の共生教育運動―養護学校義務化反対をめぐる教育思想―　東京大学出版会

嶺井正也・長畠綾子訳（1997）．サラマンカ宣言と行動計画　スペシャルニーズ教育に関する世界会議にて採択　福祉労働 (74) 79-97.

中村満紀男（2019）．養護学校義務制の実施と特殊教育の改革およびその限界―昭和五〇年代後半（一九八〇年代）～平成一〇年代後半（二〇〇〇年代半ば）まで―　中村満紀男（編）日本障害児教育史　戦後編　明石書店

大谷恭子（2015）．そもそも合理的配慮って何？―障害をありのままに受け入れて社会が変わること―季刊フォーラム (81) 12-20.

佐藤郡衛（2019）．多文化社会に生きる子どもの教育―外国人の子ども、海外で学ぶ子どもの現状と課題―　明石書店

清水貞夫（2019）．特殊教育、特別支援教育、インクルーシブ教育　玉村公二彦・黒田学・向井啓二・平沼博将・清水貞夫（編）新版・キーワードブック特別支援教育―インクルーシブ教育時代の基礎知識―　クリエイツかもがわ

篠宮紗和子（2018）．障害児教育論における「（軽度）発達障害」の概念化過程―知的障害教育専門誌の分析をもとに―年報　科学・技術・社会, 27, 59-87.

末岡尚文（2023）．気になる！教育関連用語解説　インクルーシブ教育　教職研修, 597, 71.

杉本章（2008）．【増補改訂版】障害者はどう生きてきたか―戦前・戦後障害者運動史―　現代書館

寺町晋哉（2018）．ジェンダーの視点からみた新学習指導要領　宮崎公立大学人文学部紀要, 25 (1), 105-122.

山下栄一（1986）．「障害児」の普通学校就学運動――その経過と意義をめぐって――研究双書第60冊 社会的コミュニケーションの研究 (2) (pp.58-96) 関西大学経済・政治研究所

山下栄一（1988）．われわれの問題意識　山下栄一（編）現代教育と発達幻想　明石書店

（用語解説）

(1)（盲・聾学校の）義務化：義務化とは一般に、各自治体が学校を設置する義務を負う「行政の設置義務」と、保護者が指定された学校に子どもを通わせる「保護者の就学義務」を指す。ただし、実際には盲・聾学校の義務化後もすべての対象児がそれらの学校に通ったわけではなく、就学しないままの子どもや、普通学校で他の子どもと共に教育を受ける子どもも存在した。

(2) 就学猶予・免除規定：学校教育法では現在も「病弱、発育不完全その他やむを得ない事由のため、就学困難と認められる者の保護者に対しては、市町村の教育委員会は、文部科学大臣の定めるところにより、同条第一項又は第二項の義務（注：保護者の就学させる義務）を猶予又は免除することができる」と規定されている。この規定により、戦後重度・重複障害児の多くは不就学となったが、実際には保護者の要望を受けてというよりも障害を理由に不就学を強いるための方便として使われることや、十分な説

明がないまま不就学となるケースも存在した。

(3) **障害当事者**：「当事者」とはみずからのニーズを自覚し、そのニーズが満たされることに社会的責任があると考える権利の主体を指す。（上野千鶴子・中西正司（2003）. 当事者主権　岩波書店、および上野千鶴子（2011）. ケアの社会学　当事者主権の福祉社会へ　太田出版）すべての障害者が養護学校義務化反対運動等の担い手となったわけではないことをふまえて、本章では特に運動の主体となった障害者を障害当事者と呼称する。

(4) **全国障害者解放運動連絡会議（全障連）**：1967 年に結成された、障害種別を問わず運動の主体となる障害当事者たちが結集した全国組織。「障害からの解放ではなく差別からの解放を」をスローガンに、強制的な施設入所や養護学校義務化などに反対する運動を展開した。

(5) **インクルーシブ教育システム**：障害者権利条約で記されている「inclusive education system」の政府訳であるが、今日では文部科学省が推進する特別支援教育を軸にした教育を指す際に使用されることが多い。

······················· 【コラム4】合理的配慮 ·······················

1. 合理的配慮とは？

　合理的配慮は、国連の「障害者の権利に関する条約」で「障害者が他の者と平等にすべての人権及び基本的自由を享有し、又は行使することを確保するための必要かつ適当な変更及び調整であって、特定の場合において必要とされるものであり、かつ、均衡を失した又は過度の負担を課さないもの」と定義されている。教育の文脈でわかりやすくいいかえると、障害のある幼児、児童、生徒、学生の権利を保障するために、学校等が一般的なやり方を変更、調整するということである。

　具体的な例としては、学習障害があって漢字の学習に困難がある生徒の試験で漢字にルビをふる、文字を読むことが困難な児童がすべての授業でタブレット端末を使えるようにして教科書の内容を音声で聞けるようにする、などである。

　合理的配慮の提供は、「障害を理由とする差別の解消の推進に関する法律（障害者差別解消法）」で定められた義務である。よって、障害のある人や子どもの保護者から提供を求められた場合、それが妥当な内容であるかぎり、合理的配慮を提供しないことは差別であると見なされる。学校関係者は、合理的配慮に関する法律や文部科学省の方針を理解し、対応していく必要がある。

2. 合理的配慮の対象と社会モデル

　合理的配慮の対象は、法律上の「障害者」である。障害者基本法によると、障害者とは「心身の機能の障害及び社会的障壁により継続的に日常生活又は社会生活に相当な制限を受ける状態にあるもの」である。この定義のように、機能障害のある人が経験する社会生活上の不利は機能障害と社会的障壁の相互作用によって生じるとする考え方を「障害の社会モデル」と呼ぶ（川島他, 2016）。

　障害の社会モデルでは、社会的障壁の問題性を強調する。たとえば、成績評価を筆記試験のみで実施するとしたら、書字に困難がある生徒の能力を正しく評価することはできない。このような状況で、「文字が書けないことが問題だ」とするのではなく、「文字を書かせることでしか成績評価を行わない学校のやり方が問題だ」と考える。合理的配慮としては、文字を書かなくても学習成果を評価できる方法を考える。たとえば、試験で別室を準備し、補助者を配置し、口頭での生徒の解答を代筆するという方法が合理的配慮として考えられる。社会的障壁はこのように物理的な障壁だけでなく、制度、慣行、観念も含む概念である。制度として合理的配慮が義務化されていても、周囲の人々の理解が不十分であったり、否定的な態度があったりすると、利用しにくいものになる。学校は、合理的配慮が提供されるのは当然のことであるという理解を、教職員、子どもが共にもてるようにする必要がある。

3. 合理的配慮と特別支援教育

　合理的配慮と特別支援教育はどのような関係にあるだろうか。特別支援教育について文部科学省は「幼児児童生徒一人一人の教育的ニーズを把握し、その持てる力を高め、生活や学習上の困難を改善又は克服するため、適切な指導及び必要な支援を行うもの」と定義している。特別支援教育では、子どもの力を高め、困難を改善、克服することを目指して

いる。一方、合理的配慮では、学校がやり方を変えることで機能障害があっても学べるようにすることが求められている。子どもを変えることではなく、学校が変わることに焦点が当てられている。障壁が取り除かれることで、結果として能力を伸ばすことができるようになるのである。

　合理的配慮の提供は学校の義務であるが、そのためには本人、保護者が意思表明することも求められている。高校を卒業し、進学したり就職したりすると、特別支援教育はなくなるが合理的配慮は受けられる。しかし、そのためには意思表明が必須であることについて、本人も理解していく必要がある。自身の権利を理解し、それが保障されるようにみずから求めていくことをセルフ・アドボカシー（self-advocacy）と呼ぶ。合理的配慮が義務化された社会での自立に向けて、発達段階に応じてセルフ・アドボカシーのスキルを少しずつ育てていくことも教育における重要な課題となっている。

4. 事前的改善措置とユニバーサルデザイン

　合理的配慮の内容は、機能障害の状態、ニーズに応じて個別に決まるものである。個々のニーズに応じてそのつど変更、調整を行うことは、合理的配慮を求める側にも提供する側にとっても負担となる。たとえば、車イスを使う児童が移動する状況に合わせて移動式のスロープをそのつど持っていくのでは、時間もかかるし人的資源も必要となる。しかし、車イスを使う子どもや保護者がいることを前提に校舎をバリアフリー化しておけば、個別の対応は必要なくなる。このように、多様なニーズのある人が学校を利用することを前提にあらかじめ環境を整えておくことを「事前的改善措置」と呼ぶ。

　多様なユーザーを想定した建築や道具などはユニバーサルデザインと呼ばれる。たとえば、段差がない建築は、車イスを使う人だけでなく、重いものを台車で運ぶ際にも便利である。多様性を想定し、障害のある人にとって使いやすいように作られた建築物や道具は、多くの人にとって便利なものである。

　建築や道具だけでなく、教育の方法においても、さまざまな機能障害がある子どもがいることを前提に、学びやすくする工夫をすることが期待されている。こうした教育のやり方が、「教育のユニバーサルデザイン」である。たとえば、学習障害のある児童、生徒のみにタブレット端末の使用を認めるのではなく、すべての授業で希望があれば誰でも使用できるようにすれば、個別の対応は不要となる。

　機能障害のある児童、生徒にとって学びやすい授業は、すべての児童、生徒にとって学びやすい授業である。学校には多様な子どもがいることを前提に、教育方法の工夫をしていくことが期待されている。

（高橋　知音）

【引 用 文 献】

川島聡・飯野由里子・西倉実季・星加良司（2016）．合理的配慮——対話を開く、対話が開く—— 有斐閣

事 項 索 引

人　名　索　引

【執筆者紹介】 (執筆順)

村瀬　公胤 (むらせ　まさつぐ) (編者、第1章)　奥付参照

武田　明典 (たけだ　あけのり) (編者、コラム2)　奥付参照

森田　智幸 (もりた　ともゆき) (第2、3章)

　山形大学大学院教育実践研究科准教授。専門は教育史、教育のアクションリサーチ。主な著書に『学校文化の史的探究』(分担執筆、東京大学出版会)、「教職大学院を修了した新人教師の『省察』経験『子どもの事実認識』に着目して」『日本教師教育学会年報』共著、第32号など。

川村　肇 (かわむら　はじめ) (コラム1)

　獨協大学国際教養学部教授。専門は教育史、生活指導論。主な著作に『在村知識人の儒学』(思文閣出版)、『戦時下学問の統制と動員─日本諸学振興委員会の研究』(共編著、東京大学出版会)、R.ルビンシジャー著『日本人のリテラシー　1600 - 1900年』(翻訳、柏書房) など。

森　七恵 (もり　ななえ) (第4章)

　京都精華大学共通教育機構特別任用講師。専門は教育人間学、臨床教育学。主な論文に「教育人間学としての子ども文化論─藤本浩之輔の遊び理論における子どもの文化創造と教育の関係」『児童学研究』第47号など。

金井　香里 (かない　かおり) (第5章)

　武蔵大学教職課程教授。専門は教育人類学、異文化間教育、教師教育学。主な著書に『ニューカマーの子どものいる教室　教師の認知と思考』(勁草書房)、『子どもと教師のためのカリキュラム論』(共著、成文堂) など。

松永　幸子 (まつなが　さちこ) (第6章)

　相模女子大学学芸学部教授。専門は教育学、教育人間学。主な著書に『近世イギリスの自殺論争 ─自己・生命・モラルをめぐるディスコースと人道協会』(知泉書館)、『人生命・人間・教育─豊かな生命観を育む教育の創造 (埼玉学園大学研究叢書 第14巻)』(共編、明石書店) など。

今井　康晴 (いまい　やすはる) (第7章)

　東京未来大学こども心理学部准教授。専門は保育原理、教育課程論、教育方法論、保育・教育史。主な著書に『保育と教育の原理』(大学図書出版) など。

曽我部　和馬 (そがべ　かずま) (第8章)

　神田外語大学外国語学部英米語学科講師。専門は教育哲学。主な著書に「希望の政治：S・カベル「道徳的完成主義」を通じた政治教育の再考」『教育学研究』第88巻第2号、『デューイ著作集2 哲学2 論理学理論の研究，ほか：デモクラシー／プラグマティズム論文集 (2)』(分担翻訳、東京大学出版会) など。

髙谷　掌子（たかや　しょうこ）（第9章）

石川県西田幾多郎記念哲学館研究員。専門は教育人間学、日本哲学。主な著書は『「私と汝」の教育人間学―西田哲学への往還』（京都大学学術出版会）など。

森　和宏（もり　かずひろ）（第10章）

東京大学大学院教育学研究科附属バリアフリー教育開発研究センター学術専門職員。専門は戦後日本教育史。主な論文に「近江学園における『ヨコへの発達』概念の再検討―実践における集団編成に着目して」『教育学研究』第88巻第4号、「発達保障論における『ヨコへの発達』概念の変容―全国障害者問題研究会の結成（1967年）前後の議論を手がかりとして」東京大学大学院教育学研究科基礎教育学研究室『研究室紀要』第48号など。

楠見　孝（くすみ　たかし）（コラム3）

京都大学大学院教育学研究科教授。専門は教育心理学、認知心理学。主な著書に『ワードマップ批判的思考―21世紀を生き抜くリテラシーの基盤』（共編著、新曜社）、『教育心理学（教職教養講座 第8巻）』（編著、協同出版）、『学習・言語心理学（公認心理師の基礎と実践8)』（編著、遠見書房）など。

渡邊　真之（わたなべ　まさゆき）（第11、12章）

法政大学キャリアデザイン学部兼任講師、東京外国語大学非常勤講師ほか。専門は教育学、教育史。主な著書に『障害児の共生教育運動　養護学校義務化反対をめぐる教育思想』（分担執筆、東京大学出版会）など。

河村　明和（かわむら　あきかず）（第13章）

東京福祉大学大学院保育児童学部専任講師。公認心理師。専門は教育方法、スポーツ教育。主な著書に『特別活動の理論と実際』『生徒指導・進路指導の理論と実際』（共に分担執筆、図書文化）など。

河村　茂雄（かわむら　しげお）（第13章）

早稲田大学教育・総合科学学術院教授。公認心理師。臨床心理士。日本教育カウンセリング学会理事長、日本学級経営心理学会理事長、日本教育心理学会理事。主な著書に『アクティブラーニングを成功させる学級づくり』（誠信書房）、『日本の学級集団と学級経営』（図書文化）など。

末岡　尚文（すえおか　なおふみ）（第14、15章）

山梨学院短期大学保育科専任講師。専門は教育史。主な著書に『障害児の共生教育運動　養護学校義務化反対をめぐる教育思想』（分担執筆、東京大学出版会）など。

髙橋　知音（たかはし　ともね）（コラム4）

信州大学学術研究院（教育学系）教授。公認心理師、臨床心理士、特別支援教育士スーパーバイザー。専門は教育心理学、臨床心理学。主な著書は『読み書き困難の支援につなげる 大学生の読字・書字アセスメント― 読字・書字課題 RaWF と読み書き支援ニーズ尺度 RaWSN』（共著、金子書房）、『発達障害のある大学生のアセスメント：理解と支援のための実践ガイド』（共編、金子書房）など。

【執筆者紹介】

村瀬　公胤

一般社団法人麻布教育ラボ所長。公認心理師。専門は教育方法学、学習科学。主な著書に『教育研究のメソドロジー——学校参加型マインドへのいざない』（共著、東京大学出版会）、『Lesson Study and Schools as Learning Communities: Asian School Reform in Theory and Practice』（共編著、Routledge）など。

武田　明典

神田外語大学外国語学部教授。臨床心理士。公認心理師。千葉県スクールカウンセラー。専門は臨床心理学・教育心理学。主な著書に『教師と学生が知っておくべき教育心理学』（編者、北樹出版）、『自己理解の心理学』（編者、北樹出版）、『心理教育としての臨床心理学』（編者、北樹出版）など。

教師と学生が知っておくべき教育原理

2024 年 3 月 31 日　初版第 1 刷発行

・定価はカバーに表示

編著者　　武　田　明　典
　　　　　村　瀬　公　胤
発行者　　木　村　慎　也
印刷・製本　モリモト印刷

発行所　株式会社　**北 樹 出 版**

http://www.hokuju.jp

〒 153-0061　東京都目黒区中目黒 1-2-6
TEL：03-3715-1525（代表）　FAX：03-5720-1488

ⓒ 2024, Printed in Japan　　　　　　ISBN　978-4-7793-0741-6

（乱丁・落丁の場合はお取り替えします）